本书为国家社科基金一般项目"土地经营权信托法律
制度研究"（项目批准号：16BFX128）研究成果

土地经营权信托法律制度研究

文杰 著

WUHAN UNIVERSITY PRESS
武汉大学出版社

图书在版编目(CIP)数据

土地经营权信托法律制度研究/文杰著.—武汉：武汉大学出版社，
2023.12

ISBN 978-7-307-24090-2

Ⅰ.土… Ⅱ.文… Ⅲ.土地经营—土地产权—信托法—研究—中国
Ⅳ.①D922.324 ②D922.282.4

中国国家版本馆 CIP 数据核字(2023)第 205659 号

责任编辑:宋丽娜   责任校对:鄢春梅   版式设计:马 佳

出版发行:**武汉大学出版社** (430072 武昌 珞珈山)

(电子邮箱: cbs22@whu.edu.cn 网址: www.wdp.com.cn)

印刷:湖北云景数字印刷有限公司

开本:720×1000 1/16 印张:13.75 字数:204 千字 插页:1

版次:2023 年 12 月第 1 版 2023 年 12 月第 1 次印刷

ISBN 978-7-307-24090-2 定价:65.00 元

目　　录

绪　　论

一、研究的意义

信托是土地经营权流转方式的创新。我国《民法典》《农村土地承包法》《信托法》以及《农村土地经营权流转管理办法》等法律文件均未对土地经营权信托加以明确规定。然而，在实践中，已经涌现出了不同的农地信托模式。由于立法的滞后，目前农地信托实践中面临着诸多问题和困惑。

我国学界对土地经营权信托已展开研究，但关于土地经营权信托的基本问题尚存在争议或缺乏较充分细致的探究。这些问题至少包括：土地经营权的性质如何确定，其能否成为信托财产；土地经营权信托的理论基础如何解释；土地经营权信托采取何种方式设立，设定了抵押的土地经营权能否设立信托，土地经营权信托如何公示；在土地经营权信托受托人的权利义务与民事责任上，受托人可否以土地经营权再设定信托、能否将土地经营权转让给他人或以土地经营权设立抵押，受托人的义务和民事责任有何特殊性；如何构建特别的法律规则以强化对土地经营权信托受益人权益的保护；土地经营权信托变更和终止的事由有哪些，其法律后果有何特殊性等。

关于土地经营权信托的上述问题，我国《信托法》是无法解决的。因为一方面，《信托法》是调整信托关系的基本法。该法仅能对信托的设立、受托人的权利与义务、受益人的权利等问题作出一般性的规定，不可能对具体信托类型中的上述问题加以特别规定。另一方面，土地经营权信托为特殊的信托类型。其特殊性表现为该信托涉及农户数量众多、受托人从事农地经营活动、信托目的关乎国家农业政策的实施等。这客观上要求对土地经营权信托构建特殊的法律规则加以调整。因此，需要我们对土地经营权信托问题进行系统化和细致的理论研究，结合土地经营权信托的实际展开具有建设性和可操作性的探讨，以期对有关立法的完善有所裨益。

二、研究现状

在农地"三权分置"改革之前，我国学界对土地承包经营权信托展开了研究。主要研究了以下问题：（1）以土地承包经营权设立信托的价值。认为以土地承包经营权设立信托，是农地流转机制的新选择，土地承包经营权信托有利于实现农村土地的规模化经营，促进产业结构的调整，并且具有法律依据和实践基础。[①]（2）其他国家农地信托的模式与经验借鉴。主张美国、日本开展农地信托的模式可供我国借鉴，由专门的农地信托机构为农村土地信托提供服务。[②]（3）农地信托的具体实践分析。对湖南益阳、湖南浏阳等地的农地信托案例进行研究，指出目前农地信托模式存在的主要问题是信托财产的性质不甚明晰，需要法律对农地信托财产作出清晰的规定，或对信托财产独立性的表彰作出灵活性的处理。[③]（4）农地信托的法律结构。认为农地信托中的信托财产是土地承包经营权，委托人与受益人均为农户，受托人是信托公司。[④]

农地"三权分置"改革之后，由于土地经营权这种权利类型的出现，我

[①]　例如，吴兴国：《建构农村土地信托制度　破解"三农"难题》，载《上海市经济管理干部学院学报》2003年第3期；徐卫：《土地承包经营权集合信托模式的构建逻辑与制度设计——契合土地流转目标的一种路径》，载《暨南学报（哲学社会科学版）》2015年第2期等。

[②]　例如，王秀兰：《日本土地信托的特点与借鉴》，载《当代经济》2007年第2期；贺晓英：《美国农地保护方法及其借鉴》，载《中国土地科学》2009年第1期等。

[③]　例如，张军建：《农村土地承包经营权信托流转法律研究》，中国财政经济出版社2017年版；蒲坚：《解放土地：新一轮土地信托化改革》，中信出版社2014年版等。

[④]　例如，高圣平：《农地信托流转的法律构造》，载《法商研究》2014年第2期；刘勇：《农村土地承包经营权流转信托的政策建议》，载《中国法律评论》2015年第12期等。

国学界开始针对以此权利设立信托的法律问题进行研究。这主要表现为：
(1)论证土地经营权信托设立的理论依据。有些学者从理论上论证了土地
经营权信托的设立。① (2)分析土地经营权信托面临的障碍。例如，有的
学者研究了"三权分置"改革后土地经营权信托存在的法律障碍，并提出了
克服这些障碍的建议。② (3)建立土地经营权信托制度的构想。有些学者
对土地经营权信托制度的构建提出了设想。③

　　总体而言，我国学界对于土地经营权信托法律问题进行了研究，但研
究的深度、广度仍显不足，有的学术观点还值得商榷，例如土地经营权信
托的公示等。

三、研究思路与方法

(一)研究思路

　　作为对土地经营权信托法律制度的系统性、整合性研究，本书除了绪
论与结论之外，包括以下几个部分的内容。

　　1. 土地经营权信托的法律定位

　　研究土地经营权信托法律制度，应首先明确土地经营权的法律定位，
这是土地经营权信托法律制度的逻辑起点。因此，本部分将厘清土地经营
权的概念与性质、土地经营权信托在民法典中的定位以及这种信托于《信
托法》中的定位等基本理论问题。

　　2. 土地经营权信托的理论与实践基础

　　本部分从土地经营权信托的经济学基础、法理学基础和私法理论基础

---

　　① 例如，房绍坤、任怡多：《新承包法视阈下土地经营权信托的理论证成》，载
《东北师大学报(哲学社会科学版)》2019 年第 5 期；袁泉：《土地经营权信托设立的理
论构建——以"三权分置"为背景》，载《西南政法大学学报》2017 年第 2 期。

　　② 李蕊：《农地信托的法律障碍及其克服》，载《现代法学》2017 年第 4 期等。

　　③ 例如，徐海燕和张占锋的论文《我国土地经营权信托模式的法律思考》(《法学
杂志》2016 年第 12 期)、徐海燕和冯建生的论文《农村土地经营权信托流转的法律构
造》(《法学论坛》2016 年第 5 期)等对构建土地经营权信托制度进行了设计。

三个维度研究土地经营权信托的理论基础，并对土地经营权信托的实践模式进行考察。

3. 土地经营权信托的设立

土地经营权信托的设立是土地经营权信托法律制度构成中的首要内容。土地经营权信托的设立与一般信托的设立有何区别？土地经营权信托设立制度应如何构建？本部分将围绕上述问题展开研讨。

4. 土地经营权信托受托人的权利义务与民事责任

土地经营权信托设立后，将由受托人对农地进行管理。而受托人如何管理农地，关系到土地经营权信托的目的能否实现，因此，土地经营权信托运行的关键在于受托人。土地经营权信托受托人的权利义务与民事责任是土地经营权信托法律制度构成的核心内容。因此，本部分将对土地经营权信托受托人管理农地的权利、义务以及民事责任问题进行研究。

5. 土地经营权信托受益人权益的特别保护

土地经营权信托受托人的义务和民事责任制度固然有利于保护受益人的权益，然而，在实践中，作为土地经营权信托受益人的农户权益受到侵害的现象仍时有发生。因此，实有必要设立特别的法律规则以强化对土地经营权信托受益人权益的保护。本部分将对土地经营权信托受益人权益的特别保护进行探讨。

6. 土地经营权信托的变更与终止

土地经营权信托的变更与终止是土地经营权信托法律制度构成中不可或缺的内容。在土地经营权信托期间，受各种不同因素的影响，土地经营权信托可能会发生变更甚至终止的情形。本部分将对土地经营权信托变更、终止的事由以及法律后果加以研究。

(二)研究方法

本书将主要采用历史研究方法、比较研究方法、规范分析方法等研究方法，并将适当结合法理学、经济学的知识原理展开研究。

1. 历史研究方法

对于土地经营权信托的历史沿革，本书将采取历史研究方法，阐释其产生因素和发展过程。另外，在研究土地经营权信托受托人制度时，本书也采纳历史研究方法，对受托人义务的演变进行历史研究，揭示其发展轨迹。

2. 比较研究方法

本书无论是在探讨土地经营权信托的理论基础，还是在研究土地经营权信托制度构成中的具体问题时，都运用比较研究方法。通过对英美信托法、大陆法系国家和地区信托法以及我国信托法的比较研究，分析不同国家和地区在信托法律制度设计上的异同，探讨形成这些差异的原因，有利于为我国土地经营权信托法律制度的构建提供借鉴。

3. 规范分析方法

本书对土地经营权信托的设立、土地经营权信托受托人的权利义务与民事责任、土地经营权信托受益人权益的特别保护以及土地经营权信托的变更与终止等问题展开探讨时，均采用规范分析方法。通过对既有法律规范的分析，发现其适用于土地经营权信托面临的问题，不仅有利于改进和完善现存法律规范，而且可以为更好地设计土地经营权信托法律规则提供基础。

第一章　土地经营权信托的法律定位

　　土地经营权信托是信托在农地流转中的应用，也是一种新兴的信托类型。研究土地经营权信托法律制度，应首先明确土地经营权的法律定位，这是土地经营权信托法律制度的逻辑起点。因此，本章将厘清土地经营权的概念与性质、土地经营权信托在《民法典》中的定位、土地经营权信托于《信托法》中的定位等基本理论问题。

第一节　土地经营权的概念与性质

一、土地经营权的概念

　　据学者考查，"土地经营权"一词是由非法学专家首先提出来的。①在中央政策中，2014年"中央一号"文件首次正式提出"土地经营权"概念。② 由此，土地经营权概念开始出现在中央政策性文件之中。此后，中央政策性文件又多次重申和强调加快完善"放活土地经营权"的

---

　　① 屈茂辉：《民法典视野下土地经营权全部债权说驳议》，载《当代法学》2020年第6期，第47页。在中国知网以"土地经营权"为篇名进行文献检索，可以发现第一篇以"土地经营权"为题的论文为徐翔临在《农业经济问题》1985年第2期上发表的《浅论开展土地经营权的竞争》，而金立琪和徐明在《中国法学》1989年第1期发表的《论土地经营权》一文是最早以"土地经营权"为题的法学论文。

　　② 2014年1月19日中共中央、国务院颁发的《关于全面深化农村改革加快推进农业现代化的若干意见》提出"落实农村土地集体所有权""稳定农户承包权""放活土地经营权"。

具体办法。① 在法律上，2018 年 12 月 29 日第十三届全国人大常委会第七次会议修正的《中华人民共和国农村土地承包法》(以下简称《农村土地承包法》)最早确立了土地经营权概念，并于第二章第五节设专节对土地经营权进行了规范。2020 年 5 月 28 日第十三届全国人大第三次会议审议通过的《中华人民共和国民法典》(以下简称《民法典》)以民事基本法的形式采纳了土地经营权概念。

众所周知，改革开放以后，我国农村实行的家庭联产承包责任制取得了巨大成功，增加了农民收入，促进了农业和农村的发展，这是农村改革的重大创新。现阶段，随着工业化、城镇化的加快，不少农户将承包的土地流转给他人经营，据统计，2015 年底，实行家庭承包经营的耕地流转面积为 4.43 亿亩，占比达 33.3%。② 另外，农地的适度规模化、集约化、产业化经营，有利于提高土地产出率、劳动生产率和资源利用率，推动现代农业发展。可见，中央提出的农村土地"三权分置"政策，顺应了时代发展的需要，这是农村改革的又一次重大创新。

尽管在中央政策性文件和现有的法律中已确立了土地经营权概念，但对土地经营权的含义却未作出明确规定。在学界，关于土地经营权含义的表述不尽一致。有的学者认为，土地经营权是由有关主体之间以签订合同的方式设立的，对约定土地进行占有、使用、收益的权利。③ 也有学者认

---

① 这些文件包括中共中央办公厅、国务院办公厅于 2014 年 11 月 20 日印发的《关于引导农村土地经营权有序流转发展农业适度规模经营的意见》、2015 年 2 月 1 日印发的《关于加大改革创新力度加快农业现代化建设的若干意见》、2016 年 1 月 27 日印发的《关于落实发展新理念加快农业现代化实现全面小康目标的若干意见》、2016 年 10 月 30 日发布的《关于完善农村土地所有权承包权经营权分置办法的意见》；中共中央、国务院于 2017 年 2 月 5 日印发的《关于深入推进农业供给侧结构性改革加快培育农业农村发展新动能的若干意见》、2018 年 1 月 2 日印发的《关于实施乡村振兴战略的意见》、2019 年 1 月 3 日印发的《关于坚持农业农村优先发展做好"三农"工作的若干意见》等。

② 韩长斌：《土地"三权分置"是中国农村改革的又一次重大创新》，载《光明日报》2016 年 1 月 26 日第 1 版。

③ 屈茂辉：《民法典视野下土地经营权全部债权说驳议》，载《当代法学》2020 年第 6 期，第 48 页。

为土地经营权是土地经营者依法取得的实际经营他人承包集体土地的权利。[1] 有的学者则认为，土地经营权是指土地经营权人依法对承包农户承包经营的或集体经济组织未予发包的农村土地享有从事种植业、林业、畜牧业等农业生产并取得收益的权利。[2] 还有学者主张依土地经营权设定于土地承包经营权之上或所有权之上而分别确定其含义。[3] 上述观点以不同的方式对土地经营权的含义进行界定，各具理论价值。然而，关于土地经营权的主体和权能，有必要加以分析。

从我国《民法典》和《农村土地承包法》的规定来看，土地经营权的主体有三类，分别为：（1）采取家庭承包方式的承包方。我国《民法典》第339条和《农村土地承包法》第36条均允许家庭承包方式的承包方向他人流转土地经营权。而承包方只有自己拥有土地经营权，方可将其流转给他人。如果承包方并不享有土地经营权，向他人流转该项权利将无从谈起。该法第47条第1款还规定采取家庭承包方式的承包方可以用承包地的土地经营权作为向金融机构融资的担保。此法条显然明确了承包方享有土地经营权。在我国《民法典》和《农村土地承包法》中，家庭承包方式的承包方即为土地承包经营权人。（2）以其他方式承包农村"四荒地"的承包方，《农村土地承包法》第49条规定，以招标、拍卖、公开协商等方式承包"四荒地"的承包方应与发包方签订承包合同，取得土地经营权。我国《民法典》第342条和《农村土地承包法》第53条还允许以其他方式承包"四荒地"的承包方向他人流转土地经营权。既如此，采取其他方式承包的承包方应为土地经

---

① 温世扬、吴昊：《集体土地"三权分置"的法律意蕴与制度供给》，载《华东政法大学学报》2017年第3期，第77页。

② 高圣平：《承包地三权分置的法律表达》，载《中国法学》2018年第4期，第275页。

③ 前者是指第三人通过出租（转包）、入股或者其他流转方式从享有土地承包经营权的承包农户处取得的，在一定期限内依法和依约占有承包地开展农业生产经营并获取收益的权利。后者是指不特定的主体通过招标、拍卖、公开协商等方式从享有土地所有权的发包方处取得的，针对不宜采取家庭承包方式的荒山、荒沟、荒丘、荒滩等农村土地享有的，在一定期限内依法和依约占有承包地开展农业生产经营并获取收益的权利。宋志红：《再论土地经营权的性质》，载《东方法学》2020年第2期，第151、155页。

营权主体，方可将该项权利流转给他人。（3）通过流转取得土地经营权的受让方。如前所述，我国《民法典》第 339 条和《农村土地承包法》第 36 条规定采取家庭承包方式的承包方可以向他人流转土地经营权，《民法典》第 342 条和《农村土地承包法》第 53 条又规定，采取其他方式承包农村土地的承包方可以向他人流转土地经营权。而通过流转取得土地经营权的受让方即为土地经营权的主体。

关于土地经营权的权能，根据我国《民法典》和《农村土地承包法》的规定，包括如下四个方面：（1）占有权能。《民法典》第 340 条、《农村土地承包法》第 37 条均规定，土地经营权人在合同约定的期限内对农村土地享有占有的权利。这里的"农村土地"，为采取家庭承包方式承包的农地。对于以其他方式承包农村土地而取得的土地经营权，《民法典》和《农村土地承包法》虽然没有再规定土地经营权人享有占有土地的权利，但依体系解释，理应含有占有农村土地之意。另外，土地经营权人的占有应是指直接占有，即土地经营权人对农村土地的实际支配，而不应包括间接占有形式。因为若土地经营权人间接占有农村土地，将无法实现对其土地的耕作或经营。（2）使用权能。《民法典》第 340 条、《农村土地承包法》第 37 条均允许土地经营权人自主开展农业生产经营。而自主开展农业生产经营即属于使用农村土地的权利。对于以其他方式承包农村土地而取得的土地经营权，也理应包含使用农村土地之意。（3）收益权能。依《民法典》第 340 条、《农村土地承包法》第 37 条的规定，土地经营权人有权取得农业生产经营的收益。同样，对于以其他方式承包农村土地而取得的土地经营权，应包含使用农村土地之意方为允当。（4）有限的处分权能。《农村土地承包法》第 46 条允许通过流转取得土地经营权的受让方向他人再流转土地经营权。该法第 47 条第 1 款还规定，受让方可以流转取得土地经营权作为担保向金融机构融资。尽管上述法条未对受让方再流转土地经营权的方式和以土地经营权融资担保的形式作具体规定，但入股、抵押等行为在法律性质上即为处分。[1]《民法典》第 53

---

[1]　有学者认为，"流转""再流转"的方式不包括转让和互换，可为入股、抵押等方式。王洪平：《民法视角下土地经营权再流转的规范分析》，载《吉林大学社会科学学报》2020 年第 1 期，第 31、36 页。

条和《农村土地承包法》342条规定了以其他承包方式取得土地经营权的主体可采取入股、抵押等方式流转土地经营权。而入股、抵押等行为就是对土地经营权的处分。不过，需要指出的是，尽管土地经营权人享有处分土地经营权的权利，但该处分权是有限的，例如，《农村土地承包法》第47条第1款规定受让方以土地经营权融资担保，须经承包方书面同意并向发包方备案。

综上所述，笔者认为，土地经营权是指承包方、受让方依法享有的占有、使用农村土地，取得收益并为一定处分的权利。

二、土地经营权的性质

(一)学界关于土地经营权性质的争议梳理

我国学界关于土地经营权性质的争议，可分为两个阶段：第一个阶段是"三权分置"政策出台后至2018年《农村土地承包法》修改之前；第二个阶段是2018年《农村土地承包法》修改和2020年我国《民法典》公布之后。

在第一个阶段，学界围绕"三权分置"中的土地经营权应如何定性展开了激烈争论，主要有如下几种不同的观点：(1)债权说。该观点认为土地经营权的性质为债权。主要理由是：土地承包经营权人以出租、入股等方式将土地经营权交由他人行使，实际上是通过债权契约为他人设立一项债权。从私权的生成逻辑上看，应当将土地经营权定性为债权，从而形成"土地所有权—用益物权—债权"的"三权"结构。① (2)物权说。这种观点将土地经营权的性质确定为用益物权。具体而言，这种观点又分为以下学说：a. 耕作权或耕作经营权说。主要理由是新设这种用益物权具有合法性；法理上可行；不妨害土地承包经营权等。② b. 次级用益物权说。该观点认为依据权利行使的用益物权发生逻辑，土地承包经营权人行使权利而

---

① 单平基：《"三权分置"中土地经营权债权定性的证成》，载《法学》2018年第10期，第43~47页。

② 孙宪忠：《推进农地三权分置经营模式的立法研究》，载《中国社会科学》2016年第7期，第145~163页。

设定土地经营权，土地经营权属于次级用益物权。① c. 次级土地承包经营权说。该观点认为土地承包经营权是一个包容性很强的概念，将土地经营权定性为次级用益物权，可以较低代价实现改革目标。② （3）物权化债权或特殊债权说。此观点主张土地经营权的性质为物权化债权或特殊债权。因为土地经营权属于对承包土地的债权型利用，同时又具有一定的支配和排他效力；一方面赋予当事人一定的选择自由，另一方面可以让权利人有稳定的经营预期，并便于以土地经营权融资担保。③ （4）可物可债说。这种观点认为，土地经营权可以是物权，也可以是债权。因为土地经营权因流转合同而产生，当事人的权利义务可以约定；颁发土地经营权流转证等形式，是将土地经营权视为物权。④

在第二个阶段，学界又围绕我国《民法典》和《农村土地承包法》的相关规定解释土地经营权的性质。主要形成了以下几种观点。

（1）债权说。有的学者认为，我国《民法典》和《农村土地承包法》上的土地经营权应定性为债权，理由主要包括：《民法典》和《农村土地承包法》均鼓励土地经营权流转形式的创新，将土地经营权定性为债权，更符合立法原意；依《农村土地承包法》第43、46、47条规定，土地经营权人再流转土地经营权等诸多行为均需要承包方的同意，显示了土地经营权的债权属性；部分土地经营权登记并不表明其性质为物权。⑤

---

① 蔡立东、姜楠：《农地三权分置的法实现》，载《中国社会科学》2017年第5期，第117~118页。

② 朱广新：《土地承包权与经营权分离的政策意蕴与法制完善》，载《法学》2015年第11期，第98~99页。

③ 高圣平：《承包地三权分置的法律表达》，载《中国法学》2018年第4期，第278~279页；温世扬、吴昊：《集体土地"三权分置"的法律意蕴与制度供给》，载《华东政法大学学报》2017年第3期，第76~77页。

④ 申慧文：《法学视角中的农村土地三权分离改革》，载《中国土地科学》2015年第3期，第43~44页；孙中华：《关于农村土地"三权分置"有关政策法律性问题的思考》，载《农业部管理干部学院学报》2015年第1期，第4~5页。

⑤ 高圣平：《农村土地承包法修改后的承包地法权配置》，载《法学研究》2019年第5期，第55~57页；高圣平：《〈民法典〉与农村土地权利体系：从归属到利用》，载《北京大学学报(哲学社会科学版)》2020年第6期，第149页。

(2) 物权说。有的学者认为,我国《民法典》和《农村土地承包法》规定的土地经营权应定性为用益物权。因为这有利于实现农村土地权利体系的科学化;增强土地经营权市场交易的安全性;保障土地经营权抵押融资的可操作性;实现放活土地经营权的目标。①

(3) 物债二元说。这种观点主张在我国《民法典》和《农村土地承包法》中,同时存在物权性的土地经营权和债权性的土地经营权。具体而言,有的学者区分了土地经营权的三种不同形态,认为其分别属于物权和债权。②有的学者认为《农村土地承包法》对土地经营权性质采取用益物权和债权二元定性的包容态度,具有适用的灵活性。③ 还有学者主张根据土地经营权设定于土地承包经营权之上或设定于土地所有权之上,再考虑5年的流转期限,分别确定土地经营权的物权性和债权性。④

上述学术观点各有其合理性,之所以在我国《民法典》公布和《农村土地承包法》修改后关于土地经营权的性质仍然众说纷纭、莫衷一是,是因为《民法典》和《农村土地承包法》均未确定土地经营权的性质。在《农村土地承包法》修改过程之中,考虑到对于土地经营权性质的理论争议,对其采取了搁置争议的务实态度,只原则上规定权利内容。⑤ 在《民法典》编纂中,鉴于理论上对土地经营权性质一直存在不同的意见,立法者认为,法

---

① 陈小君、肖楚钢:《农村土地经营权的法律性质及其客体之辨——兼评〈民法典〉物权编的土地经营权规则》,载《中州学刊》2020年第12期,第49~50页;谢鸿飞:《〈民法典〉中土地经营权的赋权逻辑与法律性质》,载《广东社会科学》2021年第1期,第234~235页;于飞:《从农村土地承包法到民法典物权编:"三权分置"法律表达的完善》,载《法学杂志》2020年第2期,第71页。

② 认为流转期限为不满五年的土地经营权的性质为债权;流转期限为五年以上的土地经营权的性质为用益物权;以其他承包方式取得的土地经营权的性质为用益物权。参见房绍坤、林广会:《解释论视角下的土地经营权融资担保》,载《吉林大学社会科学学报》2020年第1期,第10页。

③ 高海:《"三权"分置的法构造——以2019年〈农村土地承包法〉为分析对象》,载《南京农业大学学报(社会科学版)》2019年第1期,第100页。

④ 宋志红:《再论土地经营权的性质——基于对〈农村土地承包法〉的目的解释》,载《东方法学》2020年第2期,第150~157页。

⑤ 刘振伟:《巩固和完善农村基本经营制度》,载《农村工作通讯》2019年第1期,第22页。

律不宜简单规定土地经营权的性质。① 因此，在解释论上，将土地经营权定性为物权、债权或物债二元属性似均有解释空间。例如，《民法典》将土地经营权置于"物权编"的"土地承包经营权"一章，将土地经营权的性质解释为物权符合法律的结构逻辑。《民法典》和《农村土地承包法》均允许受让方通过出租的方式取得土地经营权，据此似有利于将土地经营权的性质解释为债权。《民法典》和《农村土地承包法》规定了流转期限五年以上的土地经营权具有登记能力，而对流转期限不满五年的土地经营权，则未规定可以登记，这似有利于将土地经营权的性质解释为物债二元属性。

（二）土地经营权性质的厘定

笔者认为，土地经营权的性质是一种新型的用益物权，原因如下。

（1）土地经营权契合用益物权的属性。学理上通说认为，用益物权是以支配物的利用价值为内容的物权。② 我国《民法典》第 323 条将用益物权人的权利规定为占有、使用和收益的权利。如上所述，无论是承包方享有的土地经营权还是受让方通过流转取得的土地经营权，其内容均包括对农村土地的占有、使用、收益的权利。而承包方、受让方对农村土地的占有、使用和收益显然应归属于支配物的利用价值的范畴。另外，受让方再流转土地经营权、承包方或受让方以土地经营权融资担保等表明土地经营权人可以对土地经营权有一定的处分。这也并不违反用益物权的属性。正如有学者所指出，用益物权人有权处分用益物权本身。③

（2）将土地经营权定性为用益物权有其优越性。若将土地经营权的性质确定为债权，债权人也可在合同约定的期限内使用农村土地，并获得利益。有学者从对土地的支配性、效力强度、登记能力等方面，对于将土地经营权的性质确定为债权与物权有何区别进行了比较研究，甚至认为除了

---

① 黄薇主编：《中华人民共和国民法典物权编释义》，法律出版社 2020 年版，第357 页。

② 谢在全：《民法物权论》（上册），中国政法大学出版社 1999 年版，第 50 页。

③ 王利明：《物权法研究》（下卷），中国人民大学出版社 2018 年版，第 22~23 页；崔建远：《物权：规范与学说》（下册），清华大学出版社 2011 年版，第 488 页。

存续期限和土地被征收的补偿等方面有所差异之外，将土地经营权定性为物权与将其定性为债权在法律效果上没有根本差异。①

那么，将土地经营权定性为用益物权有何价值？a. 有利于保障土地经营权人的权益。对于通过流转取得土地经营权的受让方而言，若将土地经营权定性为用益物权，则基于用益物权的支配性和排他性，受让方可以依法自主安排农业生产经营活动，并对农地的利用进行长期规划，获得稳定的经营预期，不受发包方、承包方的不当干涉。若将土地经营权定性为债权，则由于债权具有任意性、非排他性等特征，不利于受让方对农地的利用做好长远规划，且容易受到发包方、承包方的不当干预。b. 有利于土地经营权人向金融机构融资。为充分发挥土地经营权的财产功能，2016 年中国人民银行等五部委联合发布《农村承包土地的经营权抵押贷款试点暂行办法》等允许土地经营权设立抵押。《农村土地承包法》允许土地经营权担保。②《民法典》第 399 条将原《担保法》第 37 条和原《物权法》第 184 条有关耕地使用权不得抵押的规定予以删除，并于第 342 条重申了《农村土地承包法》第 53 条的上述内容，这意味着《民法典》对土地经营权抵押持肯定的态度。若将土地经营权定性为用益物权，而不动产物权以登记作为公示方式，则有利于提高土地经营权的融资能力。若将土地经营权的性质确定为债权，则由于缺乏登记、无证券化凭证等因素，难以充分发挥土地经营权的融资功能。③ c. 不受租赁期限的限制。根据我国《民法典》第 705 条的规定，租赁合同的存续期限最长为 20 年。若将土地经营权定性为债权，则采取出租方式取得的土地经营权的最长存续期限便只能为 20 年。而将土地经营权的性质确定为用益物权，则不受租赁合同存续期限的限制。

①　谢鸿飞：《〈民法典〉中土地经营权的赋权逻辑与法律性质》，载《广东社会科学》2021 年第 1 期，第 231～234 页。

②　《农村土地承包法》第 47 条第 1 款规定，采取家庭承包方式的承包方可以承包的土地经营权、受让方可以流转取得的土地经营权向金融机构融资担保。对于采取其他方式承包的"四荒地"，该法第 53 条明确了承包方可以抵押土地经营权。

③　于飞：《从农村土地承包法到民法典物权编："三权分置"法律表达的完善》，载《法学杂志》2020 年第 2 期，第 76 页。

　　(3)将土地经营权定性为用益物权不违背用益物权的设立原理。有的学者担心，将土地经营权的性质确定为一种用益物权，将导致在同一土地上并存土地承包经营权和土地经营权这两个用益物权的现象，如此与用益物权的设立原理相悖。① 然而，在土地承包经营权上可以再设土地经营权，这并不违反用益物权的设立原理。a. 自土地承包经营权派生土地经营权之后，土地承包经营权的内容不再包括直接占有农地并加以使用的权利。依《农村土地承包法》第9条的规定，土地承包经营权人可以自己经营承包的农地，也可以向他人流转土地经营权，由他人经营农地。若土地承包经营权人自己经营农地，则此时并未派生出土地经营权，自无土地承包经营权与土地经营权相冲突的情形。若自土地承包经营权派生出土地经营权，则此时土地承包经营权的内容受到限制，不再包括直接占有和使用农地的权利。② 在此情形下，也不会出现土地承包经营权与土地经营权在内容上的冲突。b. 德国法的次级地上权的经验可供借鉴。尽管在学说上对地上权上是否可以再设立次级地上权有着不同的观点，但在德国的司法实践中，存在允许地上权上再设立次级地上权的判例。③

　　此外，将以其他方式承包而取得的土地经营权定性为用益物权也不违反用益物权的设立原理。依《农村土地承包法》第49条的规定，采取其他方式承包的承包方与发包方签订承包合同，取得土地经营权。据此，以其他方式承包而取得的土地经营权派生于农村集体土地所有权。从所有权中派生出用益物权是用益物权设立的一般原理。且我国《民法典》第342条、《农村土地承包法》第53条还规定了以其他方式承包而取得的土地经营权，经登记取得权属证书的，可向他人进行流转。登记为不动产物权公示的方式，这进一步证明了以其他方式承包而取得的土地经营权的用益物权属性。

---

　　① 袁野：《土地经营权债权属性之再证成》，载《中国土地科学》2020年第7期，第18页。

　　② 依《农村土地承包法》第9条的规定，土地承包经营权人将土地经营权流转给他人之后，保留土地承包权。

　　③ ［德］鲍尔·施蒂尔纳著，张双根译：《德国物权法》（上册），法律出版社2004年版，第652页。

（4）土地经营权的用益物权定性符合"三权分置"改革的意旨。农地"三权分置"改革的宗旨之一在于"放活土地经营权"。若将土地经营权的性质确定为债权，则既有的制度即可满足实践需要，不必另行创设土地经营权制度。在既有的制度框架中，土地承包经营权人完全可与受让方订立租赁合同，由受让方在合同约定的期限内利用农村土地，并向土地承包经营权人支付租金。如此，受让方对农地享有的租赁经营权在性质上即为债权。农地"三权分置"改革中，土地经营权应为独立于其他"两权"的一种新型的权利，而非对既有权利的另一种表达。基于此，将土地经营权定性为用益物权方才符合"三权分置"改革的意旨。

值得注意的是，若将土地经营权定性为用益物权，将面临如何理解我国《民法典》和《农村土地承包法》相关规定的问题。其一，《民法典》第339条、《农村土地承包法》第36条规定土地承包经营权人以出租方式将土地经营权流转给他人。有学者指出，作为土地经营权设立方式的"出租"，不同于"租赁合同"，土地经营权具有不同于租赁权的物权属性。[1] 该观点值得赞同。其二，《民法典》第341条和《农村土地承包法》第41条只规定了流转期限五年以上的土地经营权可登记，而未对流转期限不满五年的土地经营权是否登记进行规定。尽管《民法典》和《农村土地承包法》没有对流转期限不满五年的土地经营权可否登记作出规定，但并不妨碍土地经营权人自己向登记机构申请登记。若流转期限不满五年的土地经营权人向登记机构申请登记的，登记机构不应予以拒绝。对此，可理解为土地经营权这一物权的特殊性。倘依据流转期限的不同而将土地经营权的性质区分为物权和债权，则不利于权利的科学化，因为诚如有学者所言，民法学理论上没有同时属于物权和债权的权利。[2] 其三，《农村土地承包法》第43、46、47条规定了对土地经营权人改良土壤、再流转权利、设定担保需要经承包方

---

[1] 李国强：《〈民法典〉中两种"土地经营权"的体系构造》，载《浙江工商大学学报》2020年第5期，第30页。

[2] 谭启平：《"三权分置"的中国民法典确认与表达》，载《北方法学》2018年第5期，第13页。

同意或书面同意。应将这些规定理解为为保护承包方的利益，用益物权人行使物权受到特别的限制。在民法上，用益物权人行使权利受限制的情形普遍存在。我国《民法典》物权编对建设用地使用权人处分建设用地使用权、居住权人处分居住权等方面的限制①，都不影响建设用地使用权、居住权等权利的物权性质。

第二节　土地经营权信托在民法典中的定位

一、民法中信托的定位

信托制度是英美法系的产物，大陆法系少数国家和地区引进了信托制度。一些国家和地区颁布了单行的信托法，例如，日本、韩国等。而在民法典中规定信托制度的立法例较为少见。2007 年《法国民法典》第 3 卷增设第 14 编"信托"，于第 2011 条至第 2031 条规定了信托制度。②《加拿大魁北克民法典》《意大利民法典》《美国路易斯安那州民法典》等都引入了信托制度。③ 2009 年问世的《欧洲示范民法典草案》中，颇受瞩目的领域即为第 10 编所规定的"信托(Trusts)"。《欧洲示范民法典草案》接受信托制度，并设专章予以规定，实为具有突破意义的事件。尽管《欧洲示范民法典草案》中的信托法规范受到学者批评，但其价值不容忽视。④ 我国《民法典》第 1133 条第 4 款规定："自然人可以依法设立遗嘱信托。"这是我国《民法典》中唯一一处有关信托的法律规范。

值得研究的问题是，信托在大陆法系民法中究竟应如何定位，其是否

---

① 参见我国《民法典》第 353 条、第 354 条、第 369 条的规定。

② 李世刚：《论〈法国民法典〉对罗马法信托概念的引入》，载《中国社会科学》2009 年第 4 期，第 109 页。

③ 赵廉慧：《作为民法特别法的信托法》，载《环球法律评论》2021 年第 1 期，第 71 页。

④ Alexandra Braun: Trusts in the Draft Common Frame of Reference: The "Best Solution" for Europe? C. L. J. 2011(70): 327-329.

为一种民事主体，其与合同的关系如何。下文将对此进行探讨。

（一）信托与民事主体的关系

大陆法系传统民法通常将民事主体统称为"人"，包括自然人和法人；在现代民法中，民事主体的范围扩大至非法人组织。[①] 信托不可能为自然人，那么，信托是否可成为法人或非法人组织呢？

在我国，部分学者主张信托具有主体性，甚至具有法人地位，主要观点如下。(1)英美法系信托财产上的双重所有权无法融入大陆法系，若承认信托的法律人格，可以解决此难题。况且，信托可以自己享有权利并负担义务。[②] (2)世界上许多国家均承认信托的主体地位。将信托定位为法人是信托具有独立责任能力的体现，也是信托发展的需要。[③] (3)信托具有独立的财产，同时具有人的要素，因此，应认定信托的主体地位。[④] (4)商业信托不仅能成为法律主体，而且符合法人的构成要件。[⑤]

诚然，信托具有主体或组织的某些属性，例如，信托财产具有独立性，处理信托事务所生债务时由信托财产来负担等，但不宜将信托一概定位为法人或非法人组织。其一，大陆法系民法上，法人或非法人组织能以自己的名义对外从事民事活动。而一般信托是无法以自己的名义对外进行各种活动的。信托财产由受托人以其名义进行管理处分。其二，大陆法系民法上，法人或非法人组织的成立往往需要登记。而一般信托的设立并不

---

① 王利明主编：《民法学》，高等教育出版社2019年版，第36页。

② 李清池：《商事组织的法律结构》，法律出版社2008年版，第191页。

③ 朱圆：《法律人格的制度价值——兼论信托的法律主体地位》，载《湖南师范大学社会科学学报》2018年第5期，第48~53页。

④ 谢永江：《论商事信托的法律主体地位》，载《江西社会科学》2007年第4期，第209~210页。

⑤ 李宇：《论作为法人的商业信托》，载《法学》2016年第8期，第12~25页；于朝印：《论商业信托法律主体地位的确定》，载《现代法学》2011年第5期，第37~44页；刘正峰：《美国商业信托法研究》，中国政法大学出版社2009年版，第66~67页；李宇：《商业信托研究》，载梁慧星主编：《民商法论丛》（第36卷），法律出版社2006年版，第92~93页。

需要办理如同法人或非法人组织成立那样的登记。其三,大陆法系民法上,法人或非法人组织的设立人对法人或非法人组织的债务承担有限责任或无限连带责任。而一般信托的设立人对信托财产所负债务不必再承担责任。相反,若将信托一概定位为法人或非法人组织,反而不利于保持信托的独特性。信托具有主体或组织的某些特征,但又不属于法人或非法人组织,这恰好彰显了信托的灵活性。若将信托一概定性为法人,将使得信托与法人制度趋同化。在世界上,也没有将信托一般性地定位为法人或非法人组织的立法例。正如有学者指出的,若将信托一律定位为法人,会使信托"丧失其存在的价值"。①

在美国,商业信托起源于麻州(Massachusetts)。② 商业信托在美国麻州诞生时,其目的在于规避该州当时禁止以公司组织形态经营不动产业务的法律规定。虽然披着信托的外衣,但商业信托本质上是一种企业经营组织。商业信托与一般信托的区别,主要有如下几点。(1)目的不同。商业信托是经营企业的工具,而一般信托是为了保存和管理财产。(2)创设方式不同。商业信托的投资者(委托人兼原始受益人)是集合其财产而成立共同的契约关系,投资者与受托人之间也成立契约关系。而一般信托中,受益人与受托人之间的信托关系并非基于契约而成立,受益人若非委托人,则不属于信托契约的当事人。(3)存续期限不同。商业信托的存续期限记载在成立商业信托的文件(信托契约)上,当信托文件明文规定明确的存续期间,则受托人在未经受益人同意前,无权延长信托的存续期间。(4)受益权转让。受益权凭证可以转让被视为商业信托的基本要件,如缺乏发行可转让的受益凭证的权利,则不被承认为商业信托。商业信托的受益人未履行出资义务,商业信托的债权人可代位商业信托行使对受益人的权利。

---

① 赵廉慧:《作为民法特别法的信托法》,载《环球法律评论》2021年第1期,第81页。

② 商业信托(business trust)又被称为"麻州信托"(Massachusetts trust)。商业信托是一个为了就信托财产享有受益权的凭证持有人的利益,以契约成立的非公司的企业经营组织,其财产由受托人持有并管理。参见谢哲胜:《信托法》,元照出版有限公司2009年版,第236页。

通常，商业信托的受益凭证持有人和商业信托的关系，与公司和其股东的关系类似。但受益人持有受益凭证的目的是获利，公司的股东持有股票的目的包括参与经营管理和投资获利两种。

然而，大陆法系各国和地区并无商业信托之名。尽管有学者主张证券投资信托、证券投资基金、不动产投资信托、集合资金信托计划等在功能上与商业信托相当，[①] 但这些国家和地区的信托法并未将证券投资信托、证券投资基金、不动产投资信托、集合资金信托计划等定位为法人或非法人组织。这些信托下的信托财产仍由受托人以自己的名义进行管理或处分。

(二)信托与合同的关系

关于信托与合同的关系，英美法学界争议已久。英美法学者存在两种截然不同的观点。一种观点认为信托不是合同。例如，Robert 教授认为，信托的成立与生效不需要当事人合意。[②] Bogert 教授等将信托与合同进行多方面比较，总结出二者在分割所有权、对价、信义关系等诸多方面均存在差异。[③] Hudson 教授认为，合同是当事人之间分配风险的手段，而信托会为受益人创设财产权，为受托人创设受信义务。[④] 这种观点在英美法学者中占主流。《美国信托法重述(第一次)》和《美国信托法重述(第二次)》都持信托不是合同的观点。[⑤] 《美国信托法重述(第三次)》仍将第三人利益

[①] 李宇：《论作为法人的商业信托》，载《法学》2016 年第 8 期，第 12～25 页；于朝印：《论商业信托法律主体地位的确定》，载《现代法学》2011 年第 5 期，第 37～44 页。

[②] Robert L. Mennell：Wills and Trusts，West Pub. Co.，1979：69.

[③] Amy Morris Hess，George Gleason Bogert，George Taylor Bogert：The Law of Trusts and Trustees，2014.

[④] [英]阿里斯泰尔·哈德逊著，沈朝晖译：《衡平法与信托的重大争论》，法律出版社 2020 年版，第 61 页。

[⑤] Restatement (First) of Trusts § 197 Cmt. B (1935). Restatement (First) of Trusts § 14 Cmt. B (1959).

合同、财产转移合同等排除在信托的范围之外。① 另一种观点则认为信托即合同。例如，英国著名学者 Maitland 认为信托实际上是一种合同，衡平法院强制执行的是一项对人的权利，即合同性的权利。② 美国学者Langbein 从历史、理论、功能和比较法等角度，论证了信托的合同性质。③

大陆法系国家和地区的学者对信托与合同的关系很少进行研究。日本学者认为，在日本设定信托的主要手段是信托合同，并且一直以来，信托也是以合同为中心进行思考的。④ 我国台湾地区学者认为，在大陆法系国家，若制定了信托法，应认为信托为一种有名契约。⑤ 我国大陆有学者认为，信托法对委托人与受托人权利义务的规定并非完全必要，当事人可通过订立合同的方式将这些内容纳入其中；即使受托人的信赖义务这一基本义务，也可通过订立合同来完成。⑥ 也有学者主张尽管"信托不是合同"这一观点目前在英美信托法中仍是主流观点，但从尊重事实与必要性角度考量，它存在值得批评之处，因为它无法解释合同法对信托的适用。⑦

依我国《民法典》第 464 条的规定，合同是民事主体之间设立、变更、终止民事法律关系的协议。若信托以合同方式设立，信托合同则为一种特别法上的有名合同。⑧ 另外，若委托人为他人利益与受托人订立信托合同，似乎与民法上的第三人利益合同相似。但依我国《民法典》第 522 条第 2 款的规定，第三人利益合同中的第三人只有在合理期限内未明确表示拒绝的情形下，方可直接请求债务人承担不履行债务的违约责任。而信托中的受

---

① Restatement（Third）of Trusts § 5（2003）.

② 参见 John H. Langbein：The Contractarian Basis of the Law of Trusts, The Yale Law Journal, 1995（105）：627-675.

③ John H. Langbein：The Contractarian Basis of the Law of Trusts, The Yale Law Journal, 1995（105）：627-675.

④ ［日］樋口范雄著，朱大明译：《信托与信托法》，法律出版社 2017 年版，第13 页。

⑤ 王志诚：《信托之基本法理》，元照出版有限公司 2005 年版，第 32 页。

⑥ 耿利航：《信托财产与中国信托法》，载《政法论坛》2004 年第 1 期，第 96 页。

⑦ 张淳：《信托法哲学初论》，法律出版社 2014 年版，第 110~116 页。

⑧ 我国《信托法》第 8 条规定，信托可以合同、遗嘱或其他书面形式设立。

益人享有的权利范围与此显然不同。因此，信托不能定位为第三人利益合同。况且，就信托的设立方式而言，其还可以遗嘱或其他书面形式设立。而遗嘱属于一种单方法律行为，因此，遗嘱信托并非合同。

二、我国《民法典》中土地经营权信托的地位

我国《民法典》未对土地经营权信托加以规定。那么，在我国《民法典》中是否允许土地经营权信托呢？如果允许，土地经营权信托在我国《民法典》中如何定位？

我国《民法典》第339条规定，土地承包经营权人可以采取出租、入股或其他方式流转土地经营权给他人。该法第342条还规定，以招标、拍卖、公开协商等方式取得的土地经营权可以采取出租、入股、抵押或其他方式流转。尽管我国《民法典》未明确列举土地承包经营权人或土地经营权人可以信托方式流转土地经营权，但其对土地经营权信托并未予以禁止。一般认为，在私法上，法无明文禁止即允许。据此，信托应归入土地经营权流转的"其他方式"。

就我国《民法典》列举的土地经营权流转方式而言，信托与这些方式之间存在着诸多差异，具体如下。

其一，土地经营权信托与土地经营权出租。土地经营权出租是指土地承包经营权人或土地经营权人将土地经营权租给承租人，承租人向土地承包经营权人或土地经营权人支付租金的行为。土地经营权信托与土地经营权出租的区别主要表现为：①经营管理农地的利益归属不同。在土地经营权出租中，承租人经营管理农地获得的利益归属于自身，而依信托法理，受托人依土地经营权信托合同享有对信托农地的经营管理权利，由此所获得的利益归属于受益人，其自身仅能依土地经营权信托合同的约定获得一定报酬。②在财产独立性上不同。在土地经营权信托中，信托财产具有独立性特征，其与委托人未设立信托的其他财产相分离，也独立于受托人的固有财产，不属于委托人或受托人的遗产和偿债财产。而土地经营权租赁中则不存在此特点。

其二，土地经营权信托与土地经营权入股。土地经营权入股是指土地承包经营权人或土地经营权人将土地经营权进行价值评估，折合为一定比例的股权或出资额，加入公司或合作社等主体的行为。土地经营权信托与土地经营权入股的区别在于以下几点。(1)委托人与出资者的法律地位不同。土地承包经营权人或土地经营权人以土地经营权入股后，成为公司的股东或合作社的成员。而委托人将土地经营权信托给受托人后，并不会成为受托人的成员，其依我国《信托法》和土地经营权信托合同的规定，享有一定的权利(如知情权、监督权等)。(2)是否对土地经营权评估作价不同。土地经营权入股时，需要对土地经营权进行评估作价，折合为一定比例的股权或出资额。土地经营权信托设立时，则不需要对土地经营权加以评估作价。(3)法律关系属性不同。土地经营权入股后，出资者与公司之间形成股权关系，其与合作社之间形成成员权关系。土地经营权信托则在委托人与受托人之间形成信托关系。(4)收益的给付不同。土地经营权入股公司或合作社后，公司或合作社经营产生的收益除法律或章程等文件另有规定外，依股权或出资额给付给出资者。而土地经营权信托中，受托人经营管理农地产生的收益，应交付给受益人。

其三，土地经营权信托与土地经营权抵押。土地经营权抵押是一种债的担保方式，是指土地承包经营权人或土地经营权人以其享有的土地经营权作为抵押，当其不履行到期债务时，债权人有权就设定抵押的土地经营权优先受偿。土地经营权信托与土地经营权抵押的区别主要包括以下两点：(1)当事人的地位不同。在土地经营权抵押中，抵押人为土地承包经营权人或土地经营权人，[①] 抵押权人为金融机构(《农村土地承包法》第47条将担保权人限定为金融机构)。而在土地经营权信托中，委托人为土地承包经营权人或土地经营权人，受托人可为信托公司等主体。(2)法律关系的内容不同。在土地经营权抵押中，土地经营权是抵押财产，当抵押人

---

① 依我国《农村土地承包法》第47条第1款规定，承包方(即土地承包经营权人，笔者注)可用承包地的土地经营权融资担保。受让方通过流转取得的土地经营权可以融资担保。

不能偿还到期债务时，金融机构债权人有权实现抵押权。① 而在土地经营权信托中，土地经营权属于信托财产，受托人依《信托法》和土地经营权信托合同的规定对农地进行经营管理，并将获得的信托利益交付给受益人。当然，受托人自身可依土地经营权信托合同的约定获得一定的报酬。

第三节　土地经营权信托于信托法中的定位

一、信托的定义与特质

(一)信托的定义

1. 其他国家和地区的信托定义

一般认为，信托起源于英国中世纪的用益设计(Use)，其目的在于规避当时法律的各种负担和限制。② 信托制度在英国奠基之后，自19世纪初，其适用范围日益扩大。③ 时至今日，信托制度已成为英美法系和大陆法系国家与地区一项重要的财产管理制度。

在英美法系，尽管信托是信托法中最基本的概念，但信托判例法和制定法中都没有规定信托的定义。④ 2000年公布、2010年最新修订的《美国统一信托法典》自实施以来，对美国各州以及世界信托立法已产生重要影响，但该法典也未对信托的定义加以规定。英国学者 Richard Edwards 和 Nigel Stockwell 指出，准确地定义信托是非常困难的，已有的信托定义尝试

---

① 关于金融机构实现抵押权的方式，学者认为可采取强制管理、变卖或拍卖的方式。参见高圣平：《民法典视野下农地融资担保规则的解释论》，载《广东社会科学》2020年第4期，第221~222页。

② 周小明：《信托制度：法理与实务》，中国法制出版社2012年版，第1页；方嘉麟：《信托法之理论与实务》，中国政法大学出版社2004年版，第54页；[日]新井诚著，刘华译：《信托法》(第4版)，中国政法大学出版社2017年版，第3~5页。

③ 赖源河、王志诚：《现代信托法论》，中国政法大学出版社2002年版，第7~8页。

④ 张淳：《信托法哲学初论》，法律出版社2014年版，第4~5页。

要么过于冗长，要么过于简单，与其尝试另一种信托定义或批评已有的信托定义，不如描述信托的基本要素。①

关于信托的定义，在大陆法系国家和地区的信托法中的界定不尽一致。2006年《日本信托法》第2条第(1)款规定了信托的定义。② 该法第3条规定以下任何一种方式均可设立信托：(1)与受托人签订信托协议；(2)设立遗嘱；(3)以公证契据、其他文件或电子记录为依据证明其设立信托及承担受托人职责的意图。需要注意的是，2006年《日本信托法》与日本旧信托法相比，一个重要的区别在于前者没有对委托人必须将信托财产转移给受托人作出规定。其原因是日本允许委托人宣布自己为受托人而不必将信托财产转让给自己。③

2011年《韩国信托法》第2条将信托定义为"一人(如委托人)信任的基础上通过成立信托将某种特定权利转让给接受信托的人(受托人)的法律关系，其中，受托人管理、处分、行使并发展这些权利(如信托基金)，并采取必要手段实现特定人(如受益人)的利益或其他目的(如私人或慈善目的)"。④ 该法第3条随后列举了委托人设立信托的三种方式：(1)信托合同；(2)遗嘱；(3)信托宣言。

我国台湾地区"信托法"第1条对信托的定义加以规定。⑤ 根据第2条

---

① Richard Edwards, Nigel Stockwell: Trusts and Equity, 5th Edition, Pearson Education Limited, 2002: 7.

② 信托为"特定的人按照一定目的(完全谋取个人利益的目的除外)管理、处分财产，并实施为实现该目的所必要的其他行为"而作出的安排。何宝玉：《信托法原理研究》(第二版)，中国法制出版社2015年版，第557页。

③ [日]新井诚：《日本：启发亚洲的1922年和2006年变革》，载何锦璇、李颖芝主编，查松译：《亚洲大陆法系国家和地区中的信托法》，法律出版社2020年版，第30页。

④ [韩]吴英杰：《韩国：发展和挑战》，载何锦璇、李颖芝主编，查松译：《亚洲大陆法系国家和地区中的信托法》，法律出版社2020年版，第50页。括号中的词语是笔者注。

⑤ 我国台湾地区"信托法"将信托定义为："委托人将财产权移转或为其他处分，使受托人依信托本旨，为受益人之利益或为特定之目的，管理或处分信托财产之关系。"

的规定，信托设立的途径有契据、遗嘱以及宣告三种。

《加拿大魁北克省民法典》第四卷第六编第二章之名称即为"信托"。该法典第 1260 条规定了信托的定义。① 第 1261 条还规定了信托财产的归属问题。② 加拿大魁北克省属于大陆法系地区，其民法典上的物权类型包括所有权和他物权。③ 根据上述规定，信托财产不属于任何人，委托人、受托人或受益人对信托财产均不享有所有权或他物权。另一方面，《加拿大魁北克省民法典》又认为受托人和受益人均对信托财产享有个人权利。④

1984 年《关于信托的承认及其法律适用的国际公约》(以下简称《海牙信托公约》) 是世界上第一个有关信托的国际公约。该公约第 2 条规定了信托的定义。⑤ 2009 年《欧洲示范民法典草案》第 10 篇第 1 章第 201 条规定了信托的定义，信托是受托人负有以下义务的法律关系，即受托人依关于该法律关系的条款(信托条款)，为受益人利益或增进公益的目的，管理或处分一个或数个财产(信托财产)的法律关系。⑥

学者在评价两大法系国家和地区的信托定义时认为，英美法系的信托定义注重法律效果，大陆法系的信托定义注重信托的要件，包括主观要件和客观要件。⑦ 诚然，如上所述，英美法系国家的信托定义区分信托财产

① 信托系由委托人通过转移财产权的行为设立且信托财产系由受托人占有与管理。

② 该条规定："信托财产由在设立信托时被转移而来的财产权和由他人提供的财产所组成，该项财产构成独立的，与委托人、受托人或者受益人的财产相区别的财产，这些人中的任何人对该项财产都并不享有任何物权。"参见张淳：《论由受托人享有的信托财产所有权》，载《江海学刊》2007 年第 5 期，第 80 页。

③ 徐国栋：《魁北克民法典的世界》，载《中外法学》2005 年第 3 期，第 180 页。

④ 何宝玉：《信托法原理研究》，中国政法大学出版社 2005 年版，第 57 页。

⑤ 信托是指委托人创立的，为受益人利益或其他特定目的，以生前移转或遗嘱指定的方式将财产置于受托人控制之下的法律关系。

⑥ 欧洲民法典研究组、欧洲现行私法研究组编著，高圣平译：《欧洲示范民法典草案：欧洲私法的原则、定义和示范规则》，中国人民大学出版社 2012 年版，第 396 页。

⑦ 方嘉麟：《信托法之理论与实务》，中国政法大学出版社 2004 年版，第 244 页。

的普通法上所有权和衡平法上所有权，强调信托受托人的义务，而大陆法系国家和地区信托的定义尽管经过立法的修改，但仍侧重于信托财产的转移、信托财产的管理等要素。

2. 我国的信托定义

我国《信托法》第 2 条对信托的定义与其他国家和地区的立法均有不同。该条规定委托人将其财产权"委托给"受托人。关于我国《信托法》对信托的上述定义，学界存在较大争议，主要有如下几种不同的观点。（1）委托人将财产权转移给受托人。其理由主要是：从我国《信托法》关于信托的设立及其后果来看，委托人应将财产权转移给受托人。① 如果委托人不将财产权转移至受托人，就不存在信托终止后权利归属人。② （2）委托人享有信托财产所有权。因为我国《信托法》第 2 条中的"委托给"并不等同于"转移"，信托财产的所有权并未转移至受托人，这可从该法有关条文中使用"不同委托人的信托财产"的表述中得到印证。③ （3）受益人享有信托财产所有权。由受益人享有信托财产的所有权不仅有利于保护受益人及其债权人利益，而且不会影响信托功能的实现，还可以起到鼓励信托投资的作用。④ （4）信托财产的所有权归属不明确。信托财产的归属无法用大陆法系传统的物权体系来进行解释，必须对大陆法系传统物权理论进行重构，方可解释信托财产的所有权归属问题。⑤

然而，上述部分观点存在值得商榷之处。其一，将信托财产所有权归属于受托人，无法解释受托人不享有管理或处分信托财产所产生的利益，

① 于海涌：《论英美信托财产双重所有权在中国的本土化》，载《现代法学》2010年第 3 期，第 162 页。

② 我国《信托法》之所以使用"委托给"一词，是考虑到民众对财产转移的接受度。耿利航：《信托财产与中国信托法》，载《政法论坛》2004 年第 1 期，第 102 页。

③ 张淳：《论由受托人享有的信托财产所有权》，载《江海学刊》2007 年第 5 期，第 124~129 页；张淳：《中国信托法特色论》，法律出版社 2013 年版，第 33~97 页。

④ 温世扬、冯兴俊：《论信托财产所有权——见论我国相关立法的完善》，载《武汉大学学报》（哲学社会科学版）2005 年第 2 期，第 203 页。

⑤ 胡吕银：《信托制度在大陆法系的命运》，载《社会科学战线》2005 年第 6 期，第 218~222 页。

并且信托法律关系终止后信托财产也不归属于受托人的现象。因为既然受托人享有信托财产的所有权，那么其管理或处分信托财产所获得的利益应归属于自身，且信托法律关系终止后，信托财产也应归属于受托人，但信托法确认受托人不得享有信托利益，并且信托法律关系终止后，信托财产应归属于受益人或委托人。① 可能考虑到此，有日本学者将受托人的权利称为"名义所有权"、我国台湾地区学者将其称为"形式上所有权"。② 其二，虽然我国《信托法》第 2 条仅规定委托人将信托财产"委托"给受托人，但不能因使用了"委托"一词就认为信托财产的所有权仍归委托人。从该法的有关规定看，委托人并不享有信托财产的所有权。③

笔者认为，在我国，可由受益人享有信托财产的所有权，而受托人享有信托财产的管理权，这项权利属于一种新型的用益物权。依此，我国《信托法》第 2 条使用"委托给"一词并非不妥。就"委托"的含义而言，委托仅意味着当事人之间存在受人之托的内部关系，基于委托对外可以产生代理、行纪、信托等不同的关系。

（1）由受益人享有信托财产所有权

信托本质上是一种财产管理设计，委托人之所以设立信托，目的在于通过受托人的管理和处分行为，为受益人谋取利益。在信托期间，受益人享有信托财产所产生的利益；信托终止后，若信托文件没有另外规定，则信托财产归属于受益人。这表明，由受益人享有信托财产的所有权最符合委托人的意愿。虽然我国《信托法》第 2 条仅规定委托人将信托财产"委托"给受托人，但不能因使用了"委托"一词就认为信托财产的所有权仍归委托人。如上所述，从该法的有关规定看，委托人并不享有信托财产的所

---

① 参见我国《信托法》第 54 条。

② 朱柏松：《论受托人违反信托本旨处分信托财产之效力》，载《月旦法学杂志》2002 年第 3 期，第 30 页。

③ 例如，该法第 15 条规定，信托财产与委托人未设立信托的其他财产相区别；设立信托后，委托人死亡或者解散、被撤销、破产时，委托人不是唯一受益人的，信托存续，信托财产不作为其遗产或者清算财产。若委托人享有信托财产所有权，岂有信托财产不作为其遗产或清算财产之理？

有权。

根据我国《信托法》第四章第三节对受益权的规定，受益权的内容主要有：信托利益请求权；对信托事务的监督权。这些内容均可用受益人的所有权加以说明。

其一，信托利益请求权是一种基于所有权发生的请求权。基于债权可以产生请求权，而基于物权、知识产权、人身权等民事权利也可以产生请求权。信托利益请求权实际上是受益人基于其对信托财产的所有权享有的请求受托人支付信托利益的权利。若受托人依信托文件的规定将信托利益支付给了受益人，受益人便不必行使该项权利。若受托人未将信托利益支付给受益人，受益人对信托财产所有权的圆满状态便受到妨碍，此时，受益人便有权行使信托利益请求权，要求受托人向其支付信托利益。

其二，对信托事务的监督权是受益人所有权所派生的一项权利。我国《信托法》第49条规定了受益人对受托人享有的监督权。① 受益人不直接占有和使用信托财产，但其享有信托利益，为保护其利益不受侵害，受益人享有对信托事务的监督权。据此，可将受益人对信托事务的监督权理解为受益人所有权的行使方式。通常情形下，所有权人行使所有权的方式表现为占有、使用、收益、处分所有物，但这并不意味着所有权的行使方式仅有这四种。在他人占有和使用所有物的情形下，所有权人对所有物的使用情况进行监督也是其行使所有权的方式之一。

值得注意的是，在公益信托中，受益人是不特定的社会公众，这种情形下应如何确定信托财产所有权的归属呢？笔者认为，公益信托中受益人不特定并非意味着不存在受益人，一旦依据信托目的确定了某些人为受益人，这些人即享有信托财产所有权。在受益人尚未确定前，可由信托监察人代行受益人的权利。我国《信托法》第65条规定了信托监察人的权利，②

---

① 主要包括：了解信托财产的管理、处分情况的权利；要求受托人就信托事务作出说明的权利；查阅、复制、抄录信托账目的权利等。

② 我国《信托法》第65条规定："信托监察人有权以自己的名义，为维护受益人的利益，提起诉讼或者实施其他法律行为。"

这为信托监察人代行受益人的权利提供了法律依据。

（2）由受托人享有信托财产管理权

可将受托人的权利定性为一种新型的用益物权，即信托财产管理权。具体分析如下。

首先，受托人享有信托财产的收益权。在此，有必要将收益与受益两个概念区分开来。收益是收取由原物产生出来的新增经济价值之意，受益是实际享有财产利益之意。例如，信托财产为一栋住宅，受托人管理该住宅的方式为出租，则受托人向承租人收取租金的行为表明其获得了收益。但受托人获得的收益减去各种成本和费用之后，可能没有盈余。在此情形下受益人不能实际享有信托利益。① 一般而言，用益物权人占有、使用他人所有物产生的收益应由其自身享有，而受托人管理信托财产所获得的收益，应依信托文件的约定，交给受益人享有。由于用益物权的涵义只强调权利人对他人所有物的收益权，至于收益归属于谁，其并未加以限定，因此，受托人管理信托财产的收益支付给受益人，并不影响信托财产管理权的用益物权属性。

其次，用益物权人对他人所有的物也具有一定的处分权，不能因受托人对信托财产的处分权而否定其用益物权的性质，只不过其处分权受到一定的限制而已。如信托文件可对受托人处分信托财产的目的、方式等进行限制。

再次，我国《民法典》第 323 条将用益物权的客体扩张到动产、不动产，为将受托人的信托财产管理权定性为用益物权提供了民法基础。无论信托财产是动产还是不动产，受托人的权利均可使用用益物权加以解释。

最后，将受托人的权利定性为用益物权能合理解释在信托期间受托人对信托财产享有管理和处分权，而在信托终止后信托财产不归属于受托人的现象。由于用益物权只在法定或约定的期限内存在，期限届满权利即行

---

① 于海涌：《论英美信托财产双重所有权在中国的本土化》，载《现代法学》2010年第 3 期，第 162 页。

消灭，因此，为用益物权人(受托人)占有、使用的物(信托财产)应当返还给所有权人，而不能归属于其自身。

此外，我国《信托法》第2条使用"委托给"一语，还为信托类型的多元化留下了制度空间。目前，在我国《信托法》中，信托的类型主要是合同信托和遗嘱信托，至于第8条第2款所称"其他书面文件"设立信托，该法未作明确规定。在其他国家和地区的信托法中，多承认宣言信托。① 理论上认为，宣言信托的制度价值表现为：其一，可降低设立信托的成本；② 其二，信托财产不必实际转移，企业委托人仍可运用其创造收入支持福利活动。随着经济的增长和各类社会问题的出现，企业不仅为股东利益服务，而且承担社会责任。企业可采取宣言信托方式，划出特定资产供员工及社会福利之用。③ 若将来我国修改《信托法》时承认宣言信托，则委托人不必进行财产权的转移，由此，《信托法》第2条使用"委托给"有其合理性。

(二)信托的特质

信托的特质是指信托这一财产管理方式区别于其他财产管理方式的特有属性。

学者们关于信托的特质是什么存在着不同的观点。具有代表性的观点如下。(1)有的学者认为，信托最大的特征有两点：目的财产的完全转移；管理主体和受益主体的分离，以及对象财产的目的约束性。④ (2)有学者认为，信托的性质有以下七个方面：产生以财产为中心之法律关系；以信任为基础

---

① 例如，2010年《美国统一信托法典》第401条、《日本信托法》第3条。

② 委托人本身是受托人，因而不需要挑选受托人，可避免选择受托人支付的开支及受托人报酬；宣言信托不需要转移信托财产，因转移财产而支付的费用和花费的精力也可免除。可见，在信托设立成本方面，宣言信托显然优于常态信托。参见齐树洁、徐卫：《我国宣言信托的立法认可与制度构建》，载《江西社会科学》2006年第8期。

③ 参见赵磊：《公益信托法律制度研究》，法律出版社2008年版，第133页；徐卫：《慈善宣言信托制度构建研究》，法律出版社2012年版，第360页。

④ [日]新井诚著，刘华译：《信托法》(第4版)，中国政法大学出版社2017年版，第3页。

之法律关系；当事人为达到某种经济或社会目的使用超过其目的之法律手段；受托人并未取得管理或处分信托财产之绝对权能；信托之效果乃出于当事人之真意；以受托人为信托财产之名义人；信托财产具有独立性。① （3）有学者主张，最能凸显信托特色的基本理念有四个：所有权与利益相分离；信托财产的独立性；信托责任的有限性；信托管理的连续性。②

　　笔者赞成将信托财产的管理与受益相分离、信托财产的独立性作为信托的特质，因为这是信托与其他财产管理方式最大的区别所在。至于上述学者所论及的"目的财产的完全转移""产生以财产为中心之法律关系""以信任为基础之法律关系""当事人为达到某种经济或社会目的使用超过其目的之法律手段""责任的有限性"等，均不能成为信托与其他财产管理方式的本质区别。

　　其一，关于信托财产的管理与受益相分离。一般认为，在英美法系中，信托财产同时存在两个所有权，即普通法上的所有权（legal title）归属于受托人，衡平法上的所有权（equitable title）归属于受益人。③ 不过，在英美法系的财产法中，不存在与大陆法系相同的所有权概念。劳森与拉登对英国法中的"所有权"一词进行了评价。④ 科贝利也对英美财产法中所有权概念作过解释。⑤ 尽管如此，就信托财产来说，受益人享有实际利益，而受托人享有实际控制并管理处分的权利是得到公认的。⑥

---

　　① 杨崇森：《信托法原理与实务》，三民书局股份有限公司 2010 年版，第 2～6 页。

　　② 周小明：《信托制度：法理与实务》，中国法制出版社 2012 年版，第 75 页。

　　③ 周小明：《信托制度：法理与实务》，中国法制出版社 2012 年版，第 63～64 页。有的学者认为，受托人有时只拥有衡平法上的所有权，这取决于委托人转让给受托人的财产的性质。参见高凌云：《被误读的信托——信托法原论》，复旦大学出版社 2010 年版，第 27～28 页。

　　④ "起初，在英国法的专业性文献，即诸如法规和判例报告之类的官方文件中，'所有权'一词是不常用的。而且，在制定法中偶然使用的'所有人'一词已被赋予若干不同的含义，有时甚至在不同的条款中对它的定义也是不同的。"参见［英］F. H. 劳森、B. 拉登著，施天涛等译：《财产法》（第二版），中国大百科全书出版社 1998 年版，第 113 页。

　　⑤ "有趣的是我们可以不提到所有权而讨论财产权的法律问题。"参见李进之等：《美国财产法》，法律出版社 1998 年版，第 8 页。

　　⑥ 何宝玉：《信托法原理研究》（第二版），中国法制出版社 2015 年版，第 2～4 页。

在大陆法系，引入英美信托制度后面临的难题是如何将"双重所有权"融入既有的法律体系。然而，英美法体系中的普通法上所有权与衡平法上所有权的区分，与大陆法系传统的财产权制度格格不入。大陆法系国家和地区采取了不同的方法将所谓"双重所有权"制度本土化。① 有一点可以肯定，信托财产的管理与受益相分离已成为大陆法系信托法上的共识。

而信托财产的管理与受益相分离正是信托的特质所在。其他的财产管理方式，无论是代理、保管、行纪等，均不会发生财产管理与受益相分离的现象。

其二，关于信托财产的独立性。英美法系和大陆法系国家和地区均承认信托财产具有独立性。委托人一旦将信托财产移交给受托人，除法律另有规定或当事人另有约定外，原则上便从信托关系中退出，对信托财产不享有任何权利。信托财产由受托人管理、处分，但受托人并不享有信托利益，其应将管理、处分信托财产所生的利益交付给受益人。信托财产与委托人、受托人或受益人的固有财产相分离，因此，除处理信托事务产生的债务外，无论是委托人、受托人或受益人的债权人，都无法以信托财产偿债，来实现信托的目的。而其他的财产管理制度，均不存在财产的独立性情形。由此可见，信托财产的独立性是信托的特质所在。

二、土地经营权信托与信托法

在我国《信托法》上，没有也不可能对土地经营权信托加以规定。依据信托法理，土地经营权信托在信托法上的定位可从如下角度进行分析。

（一）土地经营权信托为私益信托

私益信托是与公益信托相对应的概念。公益信托是大陆法系国家和地区信托法采用的概念，日本首先在《信托法》中使用公益信托一词，其后其

① 参见张淳：《论由受托人享有的信托财产所有权》，载《江海学刊》2007年第5期，第124~129页。

他国家和地区的立法予以仿效。公益信托的含义是以促进公益为目的的信托。值得注意的是，对大陆法系的公益信托与英美法系的慈善信托的关系，我国学界存在不同的观点。有的学者认为公益信托与慈善信托的翻译存在区别。① 有的学者认为，二者之间存在本质上的差异。② 也有学者认为，与其努力界定与解释"公益"与"慈善"之间的差异，不如努力制定推动慈善事业前进的新规则。③ 还有的学者主张，除公权力介入上不同外，公益信托与慈善信托两个概念并无实质区别，从此意义上说，公益信托具有与慈善信托相同的含义。④ 笔者认为，从鼓励委托人设立慈善信托，发展公益活动的目的出发，似无必要严格区分慈善信托与公益信托。

私益信托是为特定人的利益而设立的信托。其又分为民事信托与商事信托。⑤ 对于民事信托与商事信托的区分标准，理论上存在着不同的观点。日本学者神田秀树教授从主体属性和受托人作用的角度界定商事信托，认为商事信托是信托业者超越被动管理或处分信托财产的信托类型，而与之相对应的民事信托则为受托人被动管理或处分信托财产的信托类型。⑥ 另

---

① 英美法上 Charitable Trust 对应的词汇为慈善信托，公益信托一词应是 Public Trust 的翻译。参见何宝玉：《英国信托法原理与判例》，法律出版社 2001 年版，第 296 页；解锟：《英国慈善信托制度研究》，法律出版社 2011 年版，第 8 页；赵磊：《公益信托法律制度研究》，法律出版社 2008 年版，第 45~47 页。

② 将 Charitable Trust 译为公益信托，不符合慈善信托的质的规定性（慈善性、利他性，即委托人和受益人没有"私人连接点"），还影响了我国关于公益信托制度的设计，侧重公益性而导致公益信托制度具有较强的行政色彩。参见刘迎霜：《我国公益信托法律移植及其本土化：一种正本清源与直面当下的思考》，载《中外法学》2015 年第 1 期，第 155~156 页。

③ 杨团、葛道顺：《中国慈善发展报告》，社会科学文献出版社 2009 年版，第 4~5页。

④ 王建军、燕翀、张时飞：《慈善信托法律制度运行机理及其在我国发展的障碍》，载《清华法学》2011 年第 4 期，第 109~110 页。

⑤ 我国《信托法》第 3 条将民事、营业、公益信托活动均纳入该法的调整范围，表明立法者将信托分为民事信托、营业信托和公益信托。但营业信托与民事信托、公益信托不在同一划分维度，因此，一般将民事信托与商事信托相对应。

⑥ ［日］神作裕之著，杨林凯译：《日本信托法及信托相关法律的最新发展与课题》，载《中国政法大学学报》2012 年第 5 期，第 77 页。

有日本学者神作裕之教授认为，从受托人是否被动管理或处分信托财产来区分民事信托与商事信托具有模糊性，主张从受托行为营利性、信托本身的功能、受益权的可投资性三个维度来定义商事信托。① 在我国，有的学者认为，民事信托与商事信托主要依据受托人是否为从事信托业务的商主体来区分。② 也有学者认为，受托人以非营利性业务进行财产管理而设立的信托为民事信托，受托人从事营利性业务进行财产管理而设立的信托则为营业信托(商事信托)。③ 还有学者主张，对民事信托与营业信托(商事信托)先以受托人是否为营利性的法人机构来区分，再依据信托目的和信托事务内容进行判断。④ 笔者赞同从受托人的属性、信托目的的角度来区分民事信托与商事信托，这与民事法律行为与商事法律行为的区分标准相类似。⑤ 在私益信托中，若受托人具有营利性，且信托目的在于对信托财产进行经营管理等活动，则该信托属于商事信托；若受托人不具有营利性，或虽然具有营利性，但信托目的是从事非经营管理活动(例如赡养、抚养等)，则将该信托定位为民事信托。

土地经营权信托是为了农地承包方或受让方的利益而设立，承包方或受让方属于特定的主体，因此，土地经营权信托属于私益信托无疑。至于土地经营权信托究竟为民事信托还是商事信托，则应依上述民事信托与商事信托的区分标准来确定。从信托目的看，承包方或受让方之所以以土地经营权设立信托，旨在提高农地的经营效率，获得更多的收益。就受托人的属性而言，土地经营权信托的受托人通常为信托公司，而信托公司的性

---

① ［日］神作裕之著，杨林凯译：《日本信托法及信托相关法律的最新发展与课题》，载《中国政法大学学报》2012 年第 5 期，第 77 页。

② 何宝玉：《信托法原理研究》(第二版)，中国法制出版社 2015 年版，第 26 页。

③ 参见卞耀武主编：《中华人民共和国信托法释义》，法律出版社 2002 年版，第 51 页。

④ 赵廉慧：《信托法解释论》，中国法制出版社 2015 年版，第 49~50 页。

⑤ 关于民事法律行为与商事法律行为的区分，参见王建文：《论我国〈民法典〉立法背景下商行为的立法定位》，载《南京大学学报(哲学·人文科学·社会科学)》2016 年第 1 期，第 52~57 页。

质为营利性法人,在此情形下,应将土地经营权信托定位为商事信托。若土地经营权信托的受托人为其他主体,由于其担任受托人旨在营利,可认定其具有营利性,故而也应将土地经营权信托定位为商事信托。

(二)土地经营权信托属于意定信托

意定信托是委托人以明确的意思表示而设立的信托,在英美法系中称之为"express trust"。按照委托人意思表示的方式不同,意定信托又可区分为合同信托、遗嘱信托和宣言信托。非意定信托是由法院创设或依法律的规定而设立的信托。复归信托(resulting trust)、拟制信托(constructive trust)、法定信托(statutory trust)均属于非意定信托。①

在我国《信托法》上,仅承认意定信托,而对非意定信托不予承认。②该法第8条规定,信托采取合同、遗嘱或其他书面文件设立。可见,我国《信托法》中,意定信托包括合同信托、遗嘱信托、其他书面文件设立的信托。

就土地经营权信托而言,土地经营权信托基于委托人(承包方或受让方)与受托人签订土地经营权信托合同而设立。因此,土地经营权信托应属于意定信托而非法定信托。

(三)土地经营权信托为自益信托

一般认为,自益信托是指委托人为自己的利益而设立的信托,信托财产所生的利益仅归属于委托人;而委托人为第三人的利益而设立的信托则称为他益信托。③ 对于委托人只享有部分受益权(即委托人为受益人之一)的信托是否属于他益信托,存在不同的观点。有的学者认为,委托人如只

---

① 赵廉慧:《信托法解释论》,中国法制出版社2015年版,第51~54页。

② 2000年最高人民法院审理的广东轻工业进出口集团公司诉TMT公司一案中,认定当事人之间存在"事实上的商标信托关系"。这是司法实践中法院运用推定信托的一次尝试。参见何宝玉:《信托法原理研究》(第二版),中国法制出版社2015年版,第27页。

③ 王志诚:《信托法》,五南图书出版股份有限公司2011年版,第56页。

享有部分受益权，则这种信托为一种自益兼他益信托。① 也有学者主张，凡是委托人不是唯一受益人的信托，均为他益信托。② 从我国《信托法》第43条的规定看，该法实际上将委托人与受益人的关系分为两种情形：委托人为唯一受益人；委托人可为受益人之一。因此，在我国，将委托人为受益人之一的情形归属于他益信托，较符合立法的文义。

从土地经营权信托的设立来看，承包方或受让方作为委托人，为自己的利益而设立信托。受托人管理农地获得的利益归属于承包方或受让方。据此，土地经营权信托应属于自益信托而非他益信托。当然，纯从理论上讲，在土地经营权信托中，不排除存在委托人指定他人为受益人的情形，但这在实践中几无可能。因为就土地承包经营权人设定土地经营权信托而言，委托人为农地承包方即农户，受托人管理农地的收益仍然是农户维持生存和发展的重要来源。因而，将农户之外的其他主体设定为受益人显然不合理。就通过流转取得土地经营权的主体和以其他方式承包农地而取得土地经营权的主体设定的土地经营权信托而言，委托人可以是农户或其他农业经营主体。若委托人为农户，则同样存在受托人管理农地的收益仍然是其维持生存和发展的重要来源的情形。若委托人为其他农业经营主体，其需要向承包方或土地所有权人支付取得土地经营权的对价，指定其他主体为受益人并不可行。

（四）土地经营权信托是集合信托

个别信托是将委托人的特定信托财产为受益人利益加以管理处分的信托。而集合信托，又称"集团信托"，是将大众（不特定多数人）有相同信托目的的财产作为一个集团加以管理处分的信托。③ 集合信托在信托的设立、信托财产的管理方法、受益人的保护及受益权的行使等方面，都与个别信

---

① 谢哲胜：《信托法》，元照出版有限公司2009年版，第49页。
② 周小明：《信托制度：法理与实务》，法律出版社2012年版，第51页。
③ 杨崇森：《信托法原理与实务》，三民书局股份有限公司2010年版，第103页。

托存在差异。为适应集合信托的特性，不少国家和地区的信托法对集合信托设有诸多特殊规范。例如，2006 年《日本信托法》第四章第三节设有二人以上受益人为意思决定方法的特别规定，并专设第八章对受益证券发行信托作出特别规定等。

就土地经营权信托来说，众多委托人（承包方或受让方）将土地经营权信托给受托人，受托人将农地集合起来加以经营管理，这显然符合集合信托的特性。之所以土地经营权信托采取集合信托形式而不采取个别信托形式，是因为集合信托契合推进农地的适度规模化、产业化经营，发展现代农业的需要，而个别信托是无法达成此政策目的的。

第二章　土地经营权信托的理论与实践基础

研究土地经营权信托法律制度，必须明确土地经营权信托的理论基础与实践基础，这是解决为什么构建土地经营权信托法律制度的问题。因此，本章将从土地经营权信托的经济学基础、法理学基础和私法理论基础三个维度研究土地经营权信托的理论基础，并对土地经营权信托的实践模式进行考察。

第一节　土地经营权信托的理论基础

一、土地经营权信托的经济学理论基础

交易成本理论为土地经营权信托提供了经济学理论基础。

(一)交易成本的概念与意义

美国经济学家罗纳德·科斯(Ronald Coase)1937 年发表的经典论文《企业的性质》("The Nature of the Firm")首先将交易成本与企业和市场组织研究相联系。在 1960 年发表的《社会成本问题》("The Problem of Social Cost")一文中，他又指出了交易成本的概念。① 正是由于交易成本的存在，

---

① "为了进行市场交易，有必要发现谁希望进行交易，有必要告诉人们交易的愿望和方式，以及通过讨价还价的谈判缔结契约，督促契约条款的严格履行等等。"这些工作的成本即为交易成本。参见[美]R. 科斯、A. 阿尔钦、D. 诺斯等著，刘守英等译：《财产权利与制度变迁——产权学派与新制度经济学派译文集》，上海人民出版社1994 年版，第 20 页。

才会产生各种减少这些成本的制度安排。换言之，市场交易是有成本的，在产权界定明确的情况下，各方会通过契约寻找交易成本较低的制度安排。肯尼斯·阿罗（Kenneth Arrow）1969 年发表的文章也表明交易成本存在的必要性，其认为"竞争性市场的运行成本并不像我们之前的理论通常假设的那样等于零"[①]。后来，被称为交易成本经济学的奠基人和推动者的奥利弗·E. 威廉姆森（Oliver E. Williamson）将交易成本的概念纳入一般分析，使其更具操作性。[②] 他指出，市场上存在的各种商业组织或安排事实上是为了节省交易成本所组成的一个"管理机制"（governance mechanism）。[③] 依此观点，市场参与者为了节省交易成本或提高效率，会对各种交易形态的利弊得失进行考量，并作出理性的选择。

在我国，经济学家张五常在论文《私有产权与分成租佃》和《交易成本、风险规避与农业合约的选择》中对土地制度安排进行了分析。他运用产权和交易成本方法得出，农作区采取分成合约、固定租约、工资合约等不同的合约形式，主要是由农业风险和交易成本决定的。一般而言，分成合约的交易成本高于固定合约、工资合约的交易成本，但是，分成合约下农业风险由缔约双方来分担，而固定合约、工资合约下农业风险是由佃农、土地所有者各自分别承担的。由此，不同的地区采取哪一种农业合约形式，依不同合约的交易成本以及风险分担能力而定。[④] 林毅夫教授在《关于制度变迁的经济学理论：诱致性变迁与强制性变迁》一文中也提出，"制度可以被设计成人类对付不确定性和增加个人效用的手段"，"在技术条件给定的

---

① 《经济活动的组织：关于市场配置和非市场配置之间选择的争论》（"The Organization of Economic Activity: Issues Pertinent to the Choice of Market versus Non-market Allocation"），参见奥利弗·E. 威廉姆森著，陈耿宣编译：《契约、治理与交易成本经济学》，中国人民大学出版社 2020 年版，第 6 页。

② 奥利弗·E. 威廉姆森著，陈耿宣编译：《契约、治理与交易成本经济学》，中国人民大学出版社 2020 年版，第 1~2 页。

③ 王文宇：《民商法理论与经济分析（二）》，中国政法大学出版社 2003 年版，第 318~319 页。

④ ［美］R. 科斯、A. 阿尔钦、D. 诺斯等著，刘守英等译：《财产权利与制度变迁——产权学派与新制度经济学派译文集》，上海人民出版社 1994 年版，第 11~12 页。

前提下，交易成本是社会竞争性制度安排选择中的核心"。由此，他认为，理想的制度安排将用最少成本提供定量的服务。①

综上所述，尽管交易成本的含义十分丰富，但可概括为人们实施经济行为所付出的成本。其意义在于揭示经济活动中采取的不同组织形态或安排，一个重要的考量即为减少交易成本。

(二)信托制度的交易成本理论分析

运用交易成本理论，可从以下两个方面对信托制度展开分析。

1. 信托当事人的内部关系

信托当事人的内部关系是委托人、委托人、受益人之间的权利义务关系。就委托人与受托人的关系而言，信托制度为他们之间建立信托法律关系提供了一套标准化的条款。以采取合同形式设立信托为例，信托制度通过对信托合同的成立和内容的规定，为委托人和受托人就信托合同的条款进行逐一协商谈判节省了成本。有学者指出，信托制度为委托人和受托人提供的这一套标准化条款并非必要，委托人和受托人仍然可以订立契约的方式约定将上述条款纳入契约，并将契约的效力及于受益人。② 然而，若任由委托人与受托人之间就信托合同的内容进行谈判，不仅会增加他们之间的谈判成本，而且可能会产生各种五花八门的信托合同，其中难免出现对当事人权利与义务约定不周全的情形。就此而言，信托制度提供了一套标准化的条款无疑有其必要性。

就受托人与受益人的关系而言，信托制度为受益人监督受托人履行义务和取得信托利益提供了依据。尽管大陆法系民法中第三人利益合同中的第三人享有请求债务人履行义务的权利，但在信托法律关系中，受益人享

---

① ［美］R. 科斯、A. 阿尔钦、D. 诺斯等著，刘守英等译：《财产权利与制度变迁——产权学派与新制度经济学派译文集》，上海人民出版社 1994 年版，第 373~374 页。

② 王文宇：《信托法原理与商业信托法制》，载《台大法学论丛》2000 年第 29 卷第 2 期，第 335 页。

有的权利不仅包括请求受托人履行给付信托利益的义务，还包括监督受托人履行其义务的权利，例如，受益人对受托人管理信托事务的知情权、要求受托人调整信托财产的管理方法等。因此，信托法律关系中受益人的法律地位与第三人利益合同的第三人存在着较大差异。正因为如此，若不通过信托制度对受益人的受益权加以明确规定，而由当事人在信托合同中自由约定，恐出现对受益人不利的情形。从交易成本角度而言，信托制度对受托人与受益人关系的规定为受益人监督受托人履行义务和取得信托利益提供了便利，减少了拟定信托合同付出的成本和避免遗漏保障受益人权益条款的成本。

总之，就信托当事人的内部关系而言，信托制度为当事人之间形成权利义务关系提供了便利，节省了交易成本。

2. 信托当事人的外部关系

信托当事人的外部关系是委托人、受托人、受益人分别与其债权人的关系。就委托人和债权人的关系而言，委托人一旦将财产用于设立信托，即不得再对信托财产享有权利，除非法律或信托文件另有规定。① 因此，信托设立后，委托人的债权人原则上不得以信托财产偿还债务。不过，如果委托人设立信托逃避债务损害债权人的，以及委托人的债权人在信托设立之前就对信托财产具有优先受偿权的，当属例外。② 信托制度对委托人和债权人关系的规定，节省了二者之间就委托人处分责任财产（设立信托的行为）加以限制的磋商成本，并且减少了债权人监督委托人处分责任财产的成本。倘若缺乏信托制度的这些规定，委托人的债权人为保护债权，势必会加大对委托人设立信托行为的监督，如此将导致交易成本的增加。

就受托人与债权人的关系而言，信托制度减少交易成本的功能较为显著。信托设立后，虽然英美法系信托法中受托人享有衡平法上的所有权，大陆法系不少国家和地区的信托法赋予受托人对信托财产的所有权，但受

---

① 与其他国家和地区信托法不同的是，我国《信托法》保留了委托人的诸多权利，详见我国《信托法》第 20 条至第 23 条的规定。

② 参见我国《信托法》第 12 条、第 17 条的规定。

托人的固有财产必须与信托财产相分离。① 由于在交易过程中某项财产是否为信托财产，是不易为信托内部关系以外的第三人所知晓的，因此，若不通过信托制度要求信托财产以一定的方式标示或公开，那么第三人为规避交易风险，在取得信托财产前必将通过各种途径调查交易对方的身份以及处分权限等信息，这将导致交易成本随之提高。另外，由于设立信托须由委托人将信托财产转移给受托人，受托人则以自己的名义对其进行管理处分，因此，如果没有信托制度，受托人为谋取私利而违反信托目的处分信托财产的可能性将大大增加。若与受托人就信托财产进行交易的第三人为善意，依民法上的善意取得制度，则受益人便无法使信托财产恢复原状。此时尽管受益人可以要求受托人赔偿损失，但信托目的将难以实现。为避免这种情形发生，受益人必然会加强对受托人处分行为的监督，而一旦采取这种措施，受益人将徒增监督成本。相反，若通过信托制度要求信托财产以一定的方式标示或公开，则第三人在与受托人进行交易时可以方便地预见自己的交易风险，从而简化调查相关信息的过程，实现交易成本的节省，而且当受托人违反信托目的处分信托财产时，受益人可以通过行使受益权而使信托财产恢复原状，此时与受托人进行交易的第三人不能以不知交易标的物属于信托财产为由来对抗受益人，这样受益人便不必额外付出监督受托人处分行为的成本。

此外，在信托制度下，当受托人破产或解散时，信托财产不属于其破产财产或清算财产的范围。这就意味着受托人的债权人不能主张以信托财产来清偿债务。若无信托制度的这些规范，将会出现不同的结果。因为信托财产处于受托人的控制之下，债权人会以为该财产属于受托人对个人债务承担责任的财产，从而将信托财产用以偿还债务。固然，受托人与其债权人也可通过订立合同的方式对责任财产范围进行约定，即将信托财产排除在受托人的责任财产范围之外，甚至委托人可与受托人约定由受托人与其每一个债权人都订立类似的合同。但是，这样会产生高额的交易成本。而且可能

---

① 《日本信托法》《韩国信托法》等均赋予受托人对信托财产的所有权。

出现因委托人疏忽或受托人投机而未能将这类条款纳入合同的情形。

就受益人与债权人的关系而言，信托制度也起到减少交易成本的作用。在信托存续期间，信托财产处于受托人名义下并由其进行管理处分，而受益人只享有信托财产所产生的利益。基于此，受益人的债权人在与受益人进行交易时，只考虑受益人个人的财产状况和信托财产可能产生的利益，而无需将信托财产本身纳入受益人责任财产的考量范围。若无信托制度，受益人的债权人与受益人从事交易时，将花费成本去调查受益人是否对某项信托财产享有信托利益，并与受益人约定将哪些利益纳入用以偿还债务的责任财产范围。

总之，就信托当事人的外部关系而言，信托制度为委托人、受托人、受益人与各自的债权人之间关系的处理提供了规范，节省了他们之间的交易成本。

（三）土地经营权信托的交易成本理论基础

交易成本理论为土地经营权信托提供了理论基础。这可从如下方面加以分析。

1. 土地经营权信托的设立减少了交易成本

如前所述，土地经营权信托属于一种集合信托，委托人为数量众多的承包方或受让方。若不采取土地经营权信托的方式，承包方或受让方需要与他人之间就农地的经营管理、农地收益的分配等事项进行约定，如此将花费大量的谈判成本。且难免会出现对双方之间的权利与义务约定不周全的现象。而采取土地经营权信托方式则减少了当事人之间的交易成本。因为依信托制度，承包方或受让方作为土地经营权信托中的委托人和受益人，享有信托受益权，农地收益归属其拥有。而受托人享有对农地的经营管理权，但其应将农地收益交付给受益人，其自身仅能按照约定获得一定的报酬。

2. 土地经营权信托的运行节省了交易成本

土地经营权信托的运行是围绕信托财产的经营管理而展开的。受托人在经营管理农地的过程中享有哪些权利、履行何种义务，对土地经营权信托目的的实现至关重要。依信托制度，土地经营权信托的受托人享有自主经营管理农地的权利，同时，其应履行相应的义务，主要包括诚信义务、谨慎管理义务、有效管理义务等。① 若不采取土地经营权信托方式，任凭当事人之间就农地的经营管理权利和义务进行约定，一方面会增加当事人之间的协商成本，另一方面难免会出现疏漏之处。

3. 土地经营权信托的监督降低了交易成本

就土地经营权信托的监督而言，作为委托人兼受益人的承包方或受让方享有监督受托人经营管理农地的权利。这些监督权利包括知晓受托人经营管理农地的方法、收支情况；查阅受托人经营管理农地的账目等。当然，如果没有采取土地经营权信托方式，当事人之间也可就承包方或受让方监督农地的经营管理事务进行约定。但是，为了避免出现约定的不完备性，防止他人滥用经营管理农地的权利而造成承包方或受让方的损害，承包方或受让方将加大对受托人的监督力度。如此，便会增加承包方或受让方的交易成本。

二、土地经营权信托的法理学基础

(一) 自由价值

1. 法的自由价值阐释

自由是法的价值之一。在历史上，众多法学家都对自由的概念发表过见解。在古希腊和古罗马时代，就有学者提出了自己的自由观。例如，亚里士多德认为，"法律不应被当作(和自由相对的)奴役，法律毋宁是拯救"②。近现代学者关于法的自由论述十分丰富，霍布斯、洛克、孟德斯鸠、康德、黑格尔等都论述了自己的自由观。例如，孟德斯鸠认为："在

---

① 参见我国《信托法》第 25 条第 2 款对受托人义务的原则规定。
② [古希腊]亚里士多德著，吴寿彭译：《政治学》，商务印书馆 1997 年版，第276 页。

一个有法律的社会里，自由仅仅是：一个人能够做他应该做的事情。"①马克思、恩格斯则指出："自由就是从事一切对别人没有害处的活动的权利。"②

在我国，学者一般认为，法的自由是一定社会人们受到法的保障或得到法的认可的权利。③ 这意味法的自由包括以下含义：其一，法的自由是人的权利，自由是人固有的权利，法律只是将自由确认为权利，并予以保障；其二，法的自由具有时代性，不同的社会、不同的时代，自由的主体、内容、程度等诸多方面均有不同。

值得注意的是，自由并不表明不受法的限制。相反，自由必须受到法的限制。如果对自由不加限制，自由就会被滥用，那么社会中的每个人都可能成为受害者。虽然在不同的制度、不同的法之下，对自由限制的目的和内容并不完全相同，但对自由限制的必要性是获得赞同的。④

2. 信托的自由价值基础

从信托的历史上可以发现，自由价值始终是信托产生和发展的理论基础。被称为今日英国信托制度原型的 Use 设计是 13—15 世纪为规避当时英国的封建制度的产物。⑤ 学者研究认为，13 世纪英国 Use 设计产生的主要原因有三：一是规避当时法律向教会捐赠土地的规定；二是逃避封建税赋；三是十字军东征。⑥ 14 世纪后，Use 开始用于多种目的，尤其是广泛用于规避各种封建负担和税赋。这主要包括对长子继承制、继承人男子限

---

① [法]孟德斯鸠著，张雁深译：《论法的精神》（上册），商务印书馆 1961 年版，第 154 页。

② 《马克思恩格斯全集》第 1 卷，人民出版社 1995 年版，第 438 页。

③ 张文显主编：《法理学》（第五版），高等教育出版社、北京大学出版社 2018 年版，第 328 页；卓泽渊：《法的价值论》（第三版），法律出版社 2018 年版，第 231～232 页。

④ [美]E. 博登海默著，邓正来译：《法理学：法哲学与法律方法》，中国政法大学出版社 2017 年版，第 307 页。

⑤ 方嘉麟：《信托法之理论与实务》，中国政法大学出版社 2004 年版，第 54 页。

⑥ 何宝玉：《信托法原理与判例》，中国法制出版社 2013 年版，第 15～17 页。

定制、继承时领主特权的规避等。① 1535 年英国国王亨利八世颁布《用益法典》(*Statute of Uses*)，将受益人因 Use 而获得的权利转变为普通法上的权利，以便对其征收封建负担和税赋，增加国王的收入。显然，这部法律的宗旨在于阻止 Use 设计的广泛适用。为规避《用益法典》，社会上出现了双重 Use 设计(Use upon use)，即在 Use 上再设立一个 Use。② 由于《用益法典》所禁止的只是简单的 Use(即前一个 Use)，双重 Use 设计通过规避该法的规定，起到使真正受益人受益的作用。1634 年 Sambach v. Dalston 一案中，衡平法院才承认双重 Use 中的后一个 Use 的合法性。此后，所有不受《用益法典》适用的用益设计统称为"信托"(Trust)。1925 年英国颁布《财产法》，取代了《用益法典》。由上述信托产生的历史可见，信托从来就蕴含着对自由价值的追求。

19 世纪初，信托在欧美诸国相继兴起。③ 在美国，信托在商事领域得到广泛应用。美国式信托将信托财产由不动产扩大至动产(包括金钱)，信托成为投资的手段；受托人的范围由自然人扩张至法人；受托人的职业化现象出现，有偿信托十分普遍；创造出商业信托这种企业组织形式。④ 在日本，信托最初用于公司债担保活动；其后，信托逐渐集中于信托银行的商事信托活动，如贷款信托、养老金信托等，日益老龄化的社会又使民间对家族信托寄予厚望，而这种信托的主要目的为家族资产管理和遗产转赠。⑤ 可以说，现代信托已广泛应用于民事、商事、公益等领域，极其多

---

① ［日］新井诚著，刘华译：《信托法》(第 4 版)，中国政法大学出版社 2017 年版，第 6~8 页。

② 例如，委托人甲为了受益人丙的利益，将土地等财产转让给乙；与此同时，受益人丙为了真正受托人丁的利益而拥有受托财产权。

③ 赖源河、王志诚：《现代信托法论》，中国政法大学出版社 2002 年版，第 7 页。

④ ［日］新井诚著，刘华译：《信托法》(第 4 版)，中国政法大学出版社 2017 年版，第 12~13 页。

⑤ ［日］新井诚：《日本：启发亚洲的 1922 年和 2006 年变革》，载何锦璇、李颖芝主编，查松译：《亚洲大陆法系国家和地区中的信托法》，法律出版社 2020 年版，第 28~29 页。

姿多彩,扮演多方面社会功能。① 由信托在美国、日本等国家的发展可见,信托在不断地突破传统上适用范围的限制,其对自由价值的追求明显。

3. 自由价值作为土地经营权信托的理论基础

土地经营权信托以自由价值作为其理论基础。这主要体现在以下方面。

(1)承包方和受让方有设立土地经营权信托的自由

依我国《农村土地承包法》第 9 条的规定,采取家庭承包方式的承包方可以自己经营承包土地,也可以将承包地的土地经营权流转给他人。对于采取其他方式承包农村土地的承包方,我国《民法典》第 342 条、《农村土地承包法》第 53 条均规定,其可以依法向他人流转土地经营权。可见,无论是家庭承包中的承包方还是其他方式承包中的承包方,均具有将土地经营权流转给他人的自由。对于土地经营权的受让方,《农村土地承包法》第 46 条允许其向他人再流转土地经营权。因而,受让方也有流转土地经营权的自由。

从我国《民法典》和《农村土地承包法》关于土地经营权流转方式的规定来看,虽然仅列举了出租、入股、抵押等方式,并没有将信托明确规定为土地经营权的流转方式之一,但也未将信托排除在土地经营权流转方式之外。可以说,信托是土地经营权的流转方式的一种创新。承包方、受让方作为信托委托人,有是否将土地经营权信托给他人的自由。从这个意义上讲,承包方、受让方设立土地经营权信托是自由价值的体现。

(2)承包方和受让方有选择信托受托人的自由

在土地经营权信托中,受托人至关重要,受托人的选择关系到土地经营权信托是否能实现委托人的目的。依我国《信托法》第 24 条第 1 款的规定,受托人可以是自然人,也可以是法人。不同类型的受托人在经营管理信托财产的能力方面存在差异,从而直接影响信托目的能否顺利实现。在土地经营权信托中,承包方、受让方基于对受托人的信赖,可选择适格的

---

① 杨崇森:《从信托之功能谈信托之推广》,载朱晓喆主编:《中国信托法评论》(第一卷),法律出版社 2018 年版,第 10~45 页。

主体担任受托人，并将土地经营权信托给受托人。这表明承包方和受让方具有选择信托受托人的自由。

（3）土地经营权信托合同内容约定的自由

土地经营权信托采取合同方式设立。土地经营权信托合同是由作为委托人的承包方、受让方与信托受托人订立的明确各自权利义务的协议。在土地经营权信托合同中，当事人可以约定受托人经营管理农地的方法、期限以及受托人的报酬等事项。土地经营权信托合同约定的自由正是自由价值的体现。不过，土地经营权信托合同内容约定的自由不得排除法律的强制性规定。例如，依据我国《农村土地承包法》第38条的规定，受托人不得改变土地的农业用途；受托人经营管理土地的期限不得超过土地承包期或土地经营权的剩余期限等。依我国《信托法》第25条的规定，受托人必须履行诚信、谨慎管理等法定义务。对土地经营权合同内容约定自由的必要限制，也是法的自由价值的体现。

（二）效率价值

效率一词有多种使用方式，其基本含义是从一个给定的投入量中获得最大的产出。效率的适用范围大致分为资源配置上的效率、收入分配上的效率、特定资源利用上的效率。法的效率价值是指法以有利于提高效率的方式分配资源，并保障资源的优化配置和使用。[1] 现代信托已成为一种财产管理方式，受托人的职责不再为消极地保管信托财产，而是积极地管理和利用信托财产。如今，为管理信托财产而设立的信托品种十分丰富，如证券投资信托、保险金信托等。受托人管理信托财产旨在使受益人获得更大的利益，这体现了信托对效率的价值追求。

土地经营权信托以法的效率价值为理论基础。这可从以下两个方面加以分析。

其一，土地经营权信托受托人的专业管理。农村土地的承包方或土地

---

[1]　张文显主编：《法理学》（第五版），高等教育出版社、北京大学出版社2018年版，第332～334页。

经营权的受让方之所以将土地经营权设立信托，往往是因为自己缺乏经营管理能力。而信托公司、种养殖大户等受托人作为专业机构或经营能手，具有较强的经营管理能力，有利于提高农地经营的效率。

其二，土地经营权信托受托人负有为受益人谋取最大利益的义务。土地经营权信托受托人应履行信托法上的诚信义务、谨慎管理义务、有效管理义务等诸多义务，为受益人最大利益经营管理农地。尤其是受托人采取将众多委托人信托的农地加以集中管理，有利于开展规模化、产业化经营，克服小规模、分散经营效率较低的弊端，提升农地的经营效率，实现受益人利益的最大化。

三、土地经营权信托的私法理论基础

（一）诚信原则

1. 诚信原则的沿革、含义和宗旨

从历史沿革来看，在大陆法系，诚信原则经过了罗马法、中世纪民法、近代民法、现代民法四个阶段。在罗马法中，诚信（Bona Fides）在两个领域适用：一个是物权法领域，它是一种当事人的主观心理状态；另一个是合同法领域，它是当事人的客观行为。学者将上述两种诚信分别称为"主观诚信"和"客观诚信"。[1] 罗马法中的诚信主要体现在诉讼之中，而在中世纪民法阶段，实现了诚信的实体法化。[2] 在以《法国民法典》和《德国民法典》为代表的近代民法阶段，诚信作为合同法的原则，后扩大至债法的原则。《法国民法典》第1134条、第1135条所规定的诚信条款适用于合同。[3]

---

[1] 徐国栋：《民法基本原则解释——以诚实信用原则的法理分析为中心》，中国政法大学出版社2004年版，第74~76页。

[2] 徐国栋：《民法基本原则解释——以诚实信用原则的法理分析为中心》，中国政法大学出版社2004年版，第116~129页。

[3] 《法国民法典》第1134条规定："契约应依诚信履行之。"第1135条规定："契约不仅依其明示发生义务，并依照契约的性质，发生公平原则、习惯或法律所赋予的义务。"

《德国民法典》第 242 条中将诚信确立为债法的原则。① 自 1907 年《瑞士民法典》颁布至今的现代民法阶段，诚信原则上升为民法的基本原则。1907 年《瑞士民法典》第 2 条将诚信原则作为基本原则加以规定，它不再仅适用于合同法或债法领域，而是适用于全部的民事法律关系。② 此后，许多国家和地区的民法典均将诚信原则确定为基本原则。《日本民法典》《意大利民法典》等在制定或修正案中，确立了诚信原则的民法基本原则地位，学者谓之"帝王条款"。③

诚信原则不仅在大陆法系国家和地区适用，在英美法系国家也得到了适用。英美法系国家素有重视判例的传统，法官拥有较大的自由裁量权。但随着国际经济交往的扩大，大陆法系民法中的诚信原则也被英美成文法和判例法所吸收。例如，《美国统一商法典》中有 50 多处提及诚信；在 1980 年以后的十余年间，美国公布的有关合同履行与执行的判例中，就有 600 个多个适用到诚信原则。④ 可以说，英美法系国家对诚信原则的采纳，表明诚信原则不再仅为大陆法系民法的基本原则，其已成为一项具有世界性的法律原则。

早在 1986 年，我国《民法通则》第 4 条就明确规定了诚信原则。此后，我国于 2009 年颁布的《合同法》第 6 条、2017 年出台的《民法总则》第 7 条、2020 年公布的《民法典》第 7 条等法律中均将诚信原则确立为基本原则。

何谓诚信原则？学者们对此观点不一。一是认为其含义为"心怀善意，没有欺骗"⑤；二是认为其要求人们进行民事活动时应具有良好的心理状

---

① 《德国民法典》第 242 条规定："债务人须依诚实和信用，并参照交易上的习惯履行给付。"

② 《瑞士民法典》第 2 条规定："任何人都必须诚实、信用地行使其权利并履行其义务。"

③ 梁慧星：《法律解释学》(第四版)，法律出版社 2015 年版，第 305 页。

④ 徐国栋：《英语世界中的诚信原则》，载《环球法律评论》2004 年秋季号，第 372 页。

⑤ 徐洁：《论诚信原则在民事执行中的衡平意义》，载《中国法学》2012 年第 5 期，第 55 页。

态，以实现当事人之间利益的平衡①；三是认为其是主观诚信与客观诚信的统一，前者要求当事人主观上毋害他人，后者要求当事人有良好的行为②；四是认为其内容极为概括抽象，乃属一白纸规定。③ 上述第一、二种观点实际上均在强调当事人主观上的心理状态，第四种观点难以适用。而第三种观点较为具体和全面，既考虑到当事人主观上的心理状态，又对当事人的客观行为提出要求，值得赞同。

关于诚信原则的宗旨，一种观点认为诚信原则旨在实现当事人之间利益的平衡，无法实现当事人利益与社会利益的平衡，因为诚信原则主要是要求当事人从事民事活动时具有主观上的善意。④ 另一种观点则认为诚信原则不仅旨在实现当事人之间的利益平衡，而且旨在实现当事人利益与社会利益的平衡。⑤ 诚然，诚信原则通常是对当事人之间行为所提出的要求。⑥ 然而，在当事人与其他人的关系中，当事人进行民事活动也不得损害他人利益和社会利益。诚如学者所言，在市场经济条件下，诚信原则不仅是市场主体的道德准则，而且要求在不损害其他主体和社会公益的前提下，实现自己的利益。⑦

2. 诚信原则适用于信托领域的必然性

诚信原则何以在信托领域适用？这可从如下方面进行分析。

(1)诚信原则作为民法基本原则理应适用于信托领域。民法基本原则是民法的根本规则，其不同于民法的具体原则，效力贯穿民法的始终。民法上有诸多具体原则，例如，适用于物权法的物权公示公信原则；适用于

①　林刚、冯跃芳：《论诚实信用原则》，载《现代法学》2000 年第 4 期，第 62 页。

②　徐国栋：《诚信原则理论之反思》，载《清华法学》2012 年第 4 期，第 6 页。

③　杨仁寿：《法学方法论》，中国政法大学出版社 1999 年版，第 171 页。

④　林刚、冯跃芳：《论诚实信用原则》，载《现代法学》2000 年第 4 期，第 65 页。

⑤　徐国栋：《民法基本原则解释——以诚实信用原则的法理分析为中心》，中国政法大学出版社 2004 年版，第 72～73 页。

⑥　王利明：《论公序良俗原则与诚实信用原则的界分》，载《江汉论坛》2019 年第 3 期，第 131 页。

⑦　梁慧星：《民法解释学》(第四版)，法律出版社 2015 年版，第 306 页。

侵权责任法的过错责任原则等。这些具体原则只在民法的某个领域贯彻适用，并不能称之为基本原则。而诚信原则则不同，其效力贯穿民法的始终，系民法的基本原则。而信托法在性质上属于民法的特别法，① 自应贯彻民法的基本原则。我国《信托法》第 5 条规定了当事人进行信托活动应遵守诚信原则，即体现了作为民法基本原则的诚信原则在信托领域的适用。

（2）信托功能的充分发挥有赖于诚信原则的适用。信托虽然起源于规避法律的用益（Use）制度设计，但历经漫长的发展过程，其作为一种灵活而常见的管理财产、商业交易和共同体事务的机制而被广泛应用。② 时至今日，信托主要具有如下功能。一是保护功能。信托具有保护特定人生活安定的功能。例如，美国的禁止挥霍信托等均系为保护特定人的生活安定而设立的信托，至于信托财产是否增值，并不重要。二是增值功能。信托也具有使信托财产增值的功能。例如，证券投资信托中，众多委托人将资金交给信托公司进行投资，用以获得投资收益。这类信托旨在追求信托财产的增值。三是公益功能。信托还具有促进社会公益的功能。英美法系中的慈善信托、大陆法系国家和地区的公益信托即为信托公益功能的体现。此外，在资产证券化等活动中，信托还发挥着破产隔离功能。③ 而信托上述功能的充分发挥，均需要诚信原则适用。无论是为保护特定人的生活安定、促进信托财产的增值，还是为推进社会公益的发展，都要求当事人在主观状态上心存善意，在客观行为上诚实不欺。如此，方才有利于发挥信托的功能。

---

①　不少学者都承认信托法作为民法特别法的地位。例如，周小明：《信托制度：法理与实务》，法律出版社 2012 年版，第 28~32 页；赵廉慧：《作为民法特别法的信托法》，载《环球法律评论》2021 年第 1 期，第 68~84 页；赖源河、王志诚：《现代信托法论》，中国政法大学出版社 2002 年版，第 12~13 页；谢哲胜：《信托法》，元照出版有限公司 2009 年版，第 30~31 页。

②　何锦璇、李颖芝：《亚洲对信托的接受：历史视角》，载何锦璇、李颖芝主编，查松译：《亚洲大陆法系国家和地区中的信托法》，法律出版社 2020 年版，第 11 页。

③　王志诚：《信托法》，五南图书出版股份有限公司 2011 年版，第 51~55 页。

（3）信托的运作机制需要诚信原则的适用。信托以信任或信赖为基础。正如有学者指出，"信赖以及与此相应的诚实成为了信托的基本思想"①。信托从设立到受托人对信托财产的管理处分、信托利益的给付直至终止的整个过程，都需要诚信原则进行指导和适用。如果没有诚信，委托人根本不会将信托财产交给受托人管理处分，也就不可能有信托的设立。既然受托人接受信托，对信托财产的管理处分便应当诚实守信，以实现信托目的。尤其是随着信托实践的发展，在较为复杂的信托类型中，立法或信托文件可能对当事人的权利与义务规定存在疏漏之处。在此情形下，适用诚信原则可以起到补充疏漏的作用。②

3. 土地经营权信托的诚信原则基础

土地经营权信托以诚信原则作为其理论基础。这主要体现在以下方面。

（1）土地经营权信托的设立基于承包方、受让方对受托人的信赖。在土地经营权信托中，委托人是承包方或受让方，享有土地经营权。作为土地经营权人，承包方、受让方可以自己经营农地，也可以将土地经营权流转给他人。而信托正是土地经营权的流转方式之一。承包方、受让方之所以将土地经营权信托给受托人，是基于对受托人品格和经营管理能力的信赖。我国《信托法》第 2 条规定，委托人将财产权委托给受托人是"基于对受托人的信任"。而信任或信赖是诚信原则的基本要义。另外，我国《信托法》第 11 条、第 12 条还规定了信托无效、信托被撤销的情形。据此，若土地经营权信托的设立损害土地经营权人的债权人利益或社会公共利益，将导致该信托被撤销或无效的法律效果。而诚信原则的宗旨不仅在于平衡当事人之间的利益，而且包括实现当事人与社会利益的平衡。土地经营权信托的设立不得损害土地经营权人的债权人利益和社会公共利益，正是诚信

---

① ［日］能见善久著，赵廉慧译：《现代信托法》，中国法制出版社 2011 年版，第 4 页。

② 关于诚信原则具有的补充漏洞功能，参见梁慧星：《民法解释学》（第四版），法律出版社 2015 年版，第 309~312 页。

原则实现当事人利益与社会利益平衡的宗旨所作出的要求。

（2）土地经营权信托中受托人的义务源于诚信原则。依信托法理，受托人负有忠实义务和注意义务，而这两项义务共同构成受托人的信赖义务或信任义务。① 我国《信托法》第25条也明确规定了受托人应履行"诚实、信用"的义务。至于受托人如何履行诚信义务，则在我国《信托法》第26～28条等相关条文中予以具体体现。依据这些规定，在土地经营权信托中，受托人应为承包方、受让方的最大利益经营管理农地，发挥农地的效益；受托人除依信托合同的约定获得一定的报酬之外，不得取得信托利益；受托人不得将信托财产转变为自身的固有财产；受托人原则上不得将经营管理农地产出的产品与自己进行交易，或利用经营管理农地获得收益用于购买自己的财产，以免发生利益冲突等。由此可见，土地经营权信托中，受托人的义务源于诚信原则。

（3）土地经营权信托中承包方、受让方权益的救济来源于诚信原则。在土地经营权信托中，若受托人违反义务，损害了承包方、受让方的权益，承包方、受让方有权采取一定方式予以救济。依我国《信托法》的规定，承包方、受让方权益的救济方式主要包括：行使归入权，即将受托人取得的利益归入信托财产（《信托法》第26条）；要求恢复原状（《信托法》第27条、第36条）；要求赔偿损失（《信托法》第27条、第28条、第36条）。而诚信原则要求在当事人之间的利益关系中不得损人利己，若一方当事人的行为损害了其他当事人的利益，致使他们之间的利益关系失去平衡，应加以调整，以恢复当事人之间的利益平衡关系。土地经营权信托中，受托人若违反义务，损害承包方、受让方的权益，将导致在这些当事人之间的利益关系失衡，此时承包方、受让方权益的救济可以维持当事人之间的利益平衡关系。因此，对承包方、受让方权益的救济是诚信原则的内在要求。

---

① 王志诚：《信托法》，五南图书出版股份有限公司2011年版，第212～213页。

（二）现代物权理论

源于罗马法的大陆法系传统上奉行物权与债权二分的财产权体系。在传统物权理论中，所有权的地位至高无上，崇尚物的归属性，而反映物的利用要求的他物权则依附于所有权而存在。传统物权理论之所以以所有权为中心，是与当时的经济、文化等因素分不开的。① 古罗马处于农业社会形态，土地是主要的财富，这使得确立和保护土地等财产的所有权具有特别重要的意义。《法国民法典》《德国民法典》制定的时代，基本上是由风车、水磨、四轮马车构成的时代。

然而，在现代社会，经济条件已发生很大变化。市场经济的高速发展，使得人们对资源的需求量日益增大，而土地等资源具有稀缺性，因此，如何合理利用资源显得尤为重要。而所有人对资源的利用未必能充分发挥其效用，资源效用的发挥需要由最有能力利用资源的人以最佳的方式进行利用。② 在英美法系财产法中，不存在如同大陆法系上的所有权和他物权概念。③ 英美法系财产法没有严密的理论体系，具有很强的涵盖性、适应性，这对于以财产利用为中心的现代市场经济有着重要的意义。

由于现代社会利用他人财产的现象十分普遍，使物的价值得到充分发挥成为人们追求的价值目标，因此，固守以物的归属为中心的传统物权理论，已不能适应社会经济生活的要求。在此背景下，强调物的利用的现代物权理论应运而生。④ 我国《民法典》第 205 条将"物的归属和利用"确定为

---

① 马俊驹、梅夏英：《财产权制度的历史评析与现实思考》，载《中国社会科学》1999 年第 1 期，第 96～97 页。

② 吕来明：《从归属到利用——兼论所有权结构理论的更新》，载《法学研究》1991年第 6 期，第 41 页。

③ "所有权一词纯粹是作为占有的对应词，其意义并不比产权包含更多的含义"，"至于物的利用则很少会发生所有权的问题，基于物的所有权而派生出来的使用权和收益权由多人分享，因而将所有权归诸其中的任何人都是不合适的"。参见［英］F. H. 劳森、B. 拉登著，施天涛等译：《财产法》，中国大百科全书出版社 1998 年版，第 79 页。

④ 孟勤国：《物权二元结构论——中国物权制度的理论重构》，人民法院出版社2002 年版，第 61～69 页。

物权编的调整范围。其中，物的归属强调的是物的静态安全，而物的利用强调的是物尽其用。① 这实际上体现了现代物权理论的内容。

土地经营权信托以现代物权理论作为理论基础。如第一章所述，笔者赞成将土地经营权的性质确定为一种新型用益物权。这种物权的内容表现为对农地的利用。在现代物权理论中，用益物权人具有一定的处分权能，其可以自己占有和使用他人的物，也可以依法将物交由他人使用，以实现"物尽其用"的目的。据此，承包方、受让方取得土地经营权后，可以自己经营土地，这是利用农地的方式之一。而为充分发挥农地的效益，实现"物尽其用"的目的，承包方、受让方基于对受托人经营管理能力的信任，将土地经营权信托给受托人，由其利用经营管理农地的优势，展开科学化、产业化经营，提高农地的生产力，这也是一种农地的利用方式。

第二节　土地经营权信托的实践基础

一、其他国家的农地信托实践

（一）美国的农地信托

在美国，农地信托是一种保护农地的方式。据统计，目前美国有 1537 家土地信托机构，其中由国家授权参与农地保护的土地信托机构有 93 家。② 此种信托的运行模式是由土地信托机构担任受托人，通过购买需要保护的未开发土地或接受土地所有人的赠与，并对农地进行保护和合理开发利用。③

---

① 谢鸿飞：《〈民法典〉物权配置的三重视角：公地悲剧、反公地悲剧与法定义务》，载《比较法研究》2020 年第 4 期，第 64~77 页。

② Lori Lynch: Land Preservation Program Achieve High Levels of Effiency, American Journal of Agricultural Economics, 2019(5): 1368.

③ 胡伟艳、卢大伟、赵志尚、宋彦：《美国农地多功能保护政策逻辑与启示》，载《农村经济》2015 年第 12 期。

受托人主要采取两种方式保护农地。一是购买需要保护的未开发土地。据统计，土地信托机构需要保护的土地中约 2/3 由其购买所得，用于购买土地的资金来源于社会捐赠和金融机构贷款。① 二是接受未开发土地的赠与。未开发土地的所有权人将该土地赠与土地信托机构进行管理，土地信托机构则利用其经营管理优势对这些土地加以保护或合理开发。

（二）日本的农地信托

在日本，农地信托一词在法律上正式出现于 1961 年的《农业基本法》。② 可见，该法将农地信托作为农地流转的措施之一，旨在改善农业结构。

目前，日本的农地信托有三种类型，即农地转让信托、农地租赁信托、农地转让租赁信托。③ 以下分述之。

在农地转让信托中，委托人兼受益人为农民，受托人为农业协同组合或农地合理持有法人。首先，由委托人与受托人签订农地转让信托合同，并约定农地的最低转让价格。然后，委托人将农地所有权转移至受托人名义下，并可获得农地交易评估价值 70% 的无利息融资。再者，受托人以自己的名义，按照不低于农地转让信托合同约定的最低转让价格，将农地出售给有意购买之人。最后，受托人在扣除融资金额与各种费用之后，将剩余的收益交付给受益人。

在农地租赁信托中，农民作为委托人兼受益人，与受托人（农业协同组合或农地合理持有法人）订立农地租赁信托合同，并将农地所有权转移给受托人。受托人以自己的名义将该农地租赁给第三人（经认定可参与农业之人），且将农地租金在扣除有关费用之后作为信托收益交付给受益人。

---

① 英大国际信托有限责任公司：《土地信托产品设计》，经济管理出版社 2017 年版，第 21 页。

② 该法第 18 条规定，采取措施推动农业协同组合之农地信托事业的实施，是为了使农地的权利设定或转移有助于农业结构的改善。参见［日］关谷俊作著，金洪玉译：《日本的农地制度》，生活·读书·新知三联书店 2004 年版，第 248 页。

③ 张军建：《农村土地承包经营权信托流转法律研究》，中国财经出版传媒集团、中国财政经济出版社 2017 年版，第 85 页。

信托终止时，农地的所有权归属于受益人。

在农地转让租赁信托中，由委托人与受托人签订农地转让租赁信托合同，且将农地转移至受托人名下。这类信托合同一般约定受托人应在不超过5年的期限内转让农地，若超过约定的期限未能完成转让，则受托人应改采取租赁方式管理该农地。受托人转让或出租农地获得的收益，在扣除相关费用之后应交付给受益人。另外，若受托人未能在约定期限内将农地转让给第三人，而采取租赁方式管理农地，则在信托终止时，其应将农地的所有权转移给受益人。

上述三种不同的信托类型在功能上有所差异。就农地转让信托而言，其功能主要在于融资和信用提升。农民从受托人获得的融资可用于经营其他农地，而由于该信托的目的在于出售农地所有权，因此受托人不必担心农民毁约的风险。[1] 就农地租赁信托和农地转让租赁信托而言，其具有财产管理的功能。受托人履行管理农地的职责，并将信托收益交付给农民。

二、我国的农地信托实践

早在2001年，浙江省绍兴市绍兴县率先开始了农村土地信托的探索。当时，该县柯桥镇土地流转规模比较大、村级经济较为发达、农户流转土地的愿望比较强烈，因而被选取为土地信托的试点地区。[2] 此后，绍兴县又将土地信托模式推广至全县。绍兴农地信托的特色在于设立了县、镇、村三级土地信托服务机构。这三级土地信托服务机构作为农地信托的受托人，其主要职责如下。一是发布和登记信托土地的供求信息。农户欲流转土地承包经营权，或种养殖大户、工商业主需要使用农地，均可委托土地信托服务机构办理土地信托业务。二是协调土地信托当事人的关系和指导合同签订。土地信托服务机构协调农户和种养殖大户、工商业主的意见，

---

[1] 姜雪莲：《日本农地流转信托研究》，载《世界农业》2014年第6期，第47页。

[2] 据统计，当时该镇土地承包经营权可流转比例高达80%，可流转土地面积有22442亩。参见英大国际信托有限责任公司课题组：《土地信托产品设计》，经济管理出版社2017年版，第95页。

并指导双方签订合同。三是开展跟踪服务和纠纷调处。土地流转服务中心对种养殖大户、工商业主进行跟踪服务，监测土地经营行为，并进行纠纷调处，以维护当事人的合法权益。据统计，2001年2月至6月，绍兴县以信托方式流转农地15.8万亩，流转率达40%，至2001年底，农地流转率超过50%。① 通过土地流转，实现了农户受益、集体增收、土地经营者获利的"三赢"效果。

但是，浙江绍兴的农地信托仅有信托之名而无信托之实。因为这种农地信托不具备信托的法律属性。其一，未出现信托财产的管理处分权与受益权相分离的情形。真正意义上的信托具有信托财产上的管理处分权与受益权相分离的属性，而浙江绍兴的农地信托中，土地信托服务机构并不享有对土地承包经营权的管理处分权。其二，未体现出信托财产的独立性原理。真正意义上的信托由委托人将信托财产委托给受托人，而信托财产具有独立性。而浙江绍兴的农地信托中，未办理土地承包经营权信托公示手续，无法体现信托财产的独立性。

此后，农地信托依委托人、受托人和受益人的不同，可分为以下三种运作模式。

一是"农户+农地信托公司"模式。此种运作模式的农地信托以农户为委托人和受益人、专门设立的农地信托公司为受托人。在福建沙县，由政府独资专门成立了沙县丰源农村土地承包经营权信托有限公司和沙县金茂农村土地承包经营权信托有限公司，这两家农地信托公司的管理者均由政府工作人员担任。两家信托公司的章程第5条规定了公司的经营范围。② 村民委员会代理各农户与农地信托公司订立《土地经营权信托合同》，将农户承包经营的农地信托给农地信托公司。农地信托公司对农地整理开发后

---

① 刘志仁：《农村土地流转中的信托机制研究》，湖南人民出版社2008年版，第158页。

② 公司的经营范围：农村土地承包经营权流转信息咨询、托管、经营；农业科技推广、培训及咨询服务；农业机械服务；农业投资开发(以上经营范围以登记机关核发的营业执照记载项目为准；涉及专项审批的经营范围及期限以专项审批机关核定的为准)。

出租给农业经营公司或种植养殖大户经营，并将获得的收益交付给各农户。①

湖南益阳沅江等地的农地信托也采取这一运作模式。在湖南益阳的农地信托中，委托人和受益人为益阳市沅江市的农户，受托人为益阳沅江市政府出资设立的沅江市香园农村土地承包经营权信托有限公司。农村土地承包经营权信托有限公司与委托人签订土地承包经营权信托协议后，将农地对外招租，并与农业生产经营者订立租赁合同。这两份合同均需要由益阳市公证处进行合同公证。农户的收益由作为受托人的农村土地承包经营权信托有限公司支付。②

二是"地方政府+信托公司"模式。该运作模式的农地信托以地方政府为委托人兼受益人、信托公司为受托人。在安徽宿州的农地信托中，埇桥区政府将朱庙村、塔桥村农户承包经营的5400亩农地信托给中信信托有限责任公司。双方签订的《土地承包经营权信托流转合同》约定，埇桥区政府为信托关系的委托人和受益人；中信信托有限责任公司管理农地获得的收益扣除信托报酬之后，交付给埇桥区政府。埇桥区政府将取得的收益再分配至各农户。从埇桥区政府受托农地之后，中信信托有限责任公司又与帝元农业公司签订土地出租合同和服务合同，将农地租赁给帝元农业公司实际经营，并由帝元公司向中信信托有限责任公司支付一定的租金。③ 黑龙江五里明等地的农地信托也实行这种运作模式。④

三是"土地股份合作社+信托公司+农户"模式。这一运作模式的农地信托以土地股份合作社为委托人、信托公司为受托人、农户为受益人。在江

---

① 徐海燕、张占锋：《我国土地经营权信托模式的法律思考》，载《法学杂志》2016年第12期。

② 尚旭东：《农村土地经营权流转：信托模式、政府主导、规模经营与地方实践》，中国农业大学出版社2016年版，第2~5页。

③ 蒲坚：《解放土地——新一轮土地信托化改革》，中信出版社2014年版，第218页。

④ 仝志辉、陈淑龙：《我国土地承包经营权信托的比较分析（上）》，载《农村工作通讯》2015年第15期。

苏无锡的农地信托中，农户将其土地承包经营权入股成立土地股份合作社；由土地股份合作社作为委托人将农地信托给北京国际信托有限公司；北京国际信托有限公司再将农地租赁给当地的"水蜜桃专业合作社"经营，由此获得的收益扣除信托报酬后交付给各农户。① 北京密云、江苏镇江等地的农地信托也按照这种模式加以运作。②

值得注意的是，近年来土地托管在各地农村不断兴起和发展，但农地信托与土地托管有别。农地信托是农地流转方式的一种创新，信托关系的委托人应将承包地的经营权转移给受托人，由受托人以自己的名义为受益人的利益进行管理或处分。而土地托管则是农户在不流转农地经营权的基础上，将农业生产中的"耕、种、防、管、收"等部分或全部环节委托给农业生产服务组织完成的一种经营方式。③ 从法律性质上看，土地托管中农户与农业生产服务组织之间是委托关系。

然而，在实践中农地信托的运作面临着诸多困惑，不利于农地信托的规范发展和农户权益的保障。具体而言：

其一，农地信托的设立有失规范。依信托法理，设立信托应由委托人将其财产权转移给受托人。但在农地信托中，委托人用以设立信托的财产权究竟为土地承包经营权还是土地经营权，实践中的做法不尽一致。在福建沙县，委托人以土地经营权设立农地信托，而在其他地方，委托人则以土地承包经营权设立农地信托。且将地方政府、土地股份合作社确立为农地信托的委托人，将农地信托公司确定为农地信托的受托人均不妥当。因为地方政府显然不享有土地承包经营权，而土地股份合作社的核心功能在于将农地以入股的方式集中后加以流转，其自身并不从事农业经营，也不

---

① 尚旭东、叶云：《农村土地承包经营权流转信托：探索实践与待解问题》，载《农村经济》2014 年第 9 期。

② 张菲菲：《土地经营权流转潮起，土地信托仍是"难啃骨头"》，载《第一财经日报》2014 年 12 月 26 日。

③ 于海龙、张振：《土地托管的形成机制、适用条件与风险规避：山东例证》，载《改革》2018 年第 4 期；刘文勇：《"土地托管"与"农地流转"异同点辨析》，载《农民日报》2017 年 2 月 11 日。

享有土地承包经营权①；农地信托公司的设立未经原中国银行业监督管理委员会批准，其不以营利为目的，由政府工作人员兼任公司管理者，这有悖于《信托公司管理办法》有关信托公司设立与运作的规定。

此外，依我国《信托法》第 10 条的规定，以"有关法律、行政法规规定应当办理登记手续"的财产设立信托的，应办理信托登记。而从实践来看，各地对农地信托是否应办理信托登记的态度有所不同。在福建，农地信托公司应依据 2017 年福建省农业厅等部门联合颁发的《农村承包土地经营权信托管理与服务规范》的要求，在土地经营权信托合同签订后分别向乡（镇、街道）、县级土地流转管理服务中心办理土地经营权信托登记备案。在安徽，信托公司应向当地乡镇政府农村土地流转部门办理信托登记备案。② 而在黑龙江、湖南等地，则未要求农地信托进行信托登记。

其二，农地信托受托人的权利与义务不甚明晰。我国《信托法》对受托人的权利与义务作了一般性规定，受托人享有管理、处分信托财产的权利，应履行诚信、谨慎、分别管理、亲自管理等义务。但在农地信托实践中，受托人是否有权将农地经营权转让给他人，或为融资需要而以其设定抵押，尚不明确。由于农地信托旨在集中农户的承包地进行适度规模化经营，提高农地生产效率，而一旦将众多农户的承包地集中，受托人如何履行分别管理信托财产的义务？因信托公司不具有农业经营的优势，其将信托农地出租给农业经营公司、农业合作社等经营的实践做法，是否违反了受托人的亲自管理义务？目前的农地信托合同均允许受托人对农地自主经营，而农业生产具有周期性、风险性，实践中对受托人如何谨慎管理以实现农地经营效益的最大化考虑不周。这些困惑的解决，有赖于明晰农地信托受托人的权利和义务。

其三，农户的权益缺乏有效保障机制。在我国《信托法》上，委托人、

---

① 高海：《农地入股合作社的组织属性与立法模式——从土地股份合作社的名实不符谈起》，载《南京农业大学学报》（社会科学版）2014 年第 1 期。

② 蒲坚：《解放土地：新一轮土地信托化改革》，中信出版社 2014 年版，第 237 页。

受益人享有诸多权利,如受托人享有管理信托财产的知情权、监督权等。而在安徽宿州等地的农地信托实践中,农户既不是信托关系的委托人和受益人,也不是农地信托合同的当事人,这使得农户无法知悉农地的经营管理状况和对受托人的行为实施监督。即使在福建沙县等地,将农户确定为农地信托的委托人和受益人,仍面临着其权益缺乏有效保障的问题。因为农地信托中农户数量较多,且其相互之间就农地信托的运作可能意见不尽一致,此时如何形成他们的共同意思便成为有待解决的问题。另外,受农户法律意识不强、"搭便车"心理因素等影响,农地信托中易出现农户不及时或怠于行使权利的现象,在此情形下如何有效保障农户权利的行使,尚需构建相应的法律机制。

第三章　土地经营权信托的设立

土地经营权信托的设立是土地经营权信托法律制度构成中的首要内容。土地经营权信托的设立与一般信托的设立有何区别？土地经营权信托设立制度应如何构建？本章将围绕上述问题展开研讨。

第一节　土地经营权信托的主体

一、土地经营权信托的委托人

委托人是提供财产设立信托之人。就一般信托而言，我国《信托法》第19条规定了委托人的范围。[①] 在土地经营权信托中，委托人为农村土地的承包方或土地经营权的受让方。若其为自然人，除应具有完全民事行为能力之外，是否还须具备其他条件呢？若其为法人或其他组织，其又当满足何种条件？

依我国《民法典》第339条和《农村土地承包法》第36条的规定，土地承包经营权人有权向他人流转土地经营权。可见，采取家庭承包方式的承包方(即农户)可担任委托人，将土地经营权信托给他人。但问题在于，在土地经营权信托设立时，采取家庭承包方式的承包方仅享有土地承包经营权，而并没有土地经营权。换言之，家庭承包中承包方为土地承包经营

---

① 依我国《信托法》第19条的规定，具有完全民事行为能力的自然人、法人或其他组织均可以担任委托人。

人，而非土地经营权人。尽管《农村土地承包法》第9条规定了承包方可以保留土地承包权、向他人流转土地经营权，然而，在此情形下土地经营权的生成法理为何，值得探讨。一种解释是家庭承包中的承包方在取得土地承包经营权的同时，也取得土地经营权，即发包方为承包方同时设立了土地承包经营权和土地经营权；另一种解释是家庭承包中的承包方为自己设定了土地经营权。① 就第一种解释而言，承包方同时取得土地承包经营权和土地经营权，而这两种权利均具有经营土地的权能，不符合我国物权体系结构，不足采纳。按第二种解释，先由承包方为自己设定土地经营权，然后再将该土地经营权流转给他人。这种解释不违反物权法原理，且在其他国家和地区的民法典中，即存在所有人地上权（如《瑞士民法典》第733条）、自己地役权（如我国台湾地区"民法"第859条之4）等情形，故值得赞同。据此，采取家庭承包方式的承包方（土地承包经营权人）设立土地经营权信托的，应先为自己设定土地经营权，然后以该土地经营权设立信托。

对于采取其他方式承包农村土地的承包方，《农村土地承包法》第49条明确规定了其取得土地经营权。我国《民法典》第342条和《农村土地承包法》第53条还进一步允许承包方向他人流转土地经营权。因此，无论该承包方为自然人还是法人或其他组织，其作为土地经营权人，以自己的土地经营权设立信托当属无疑。

对于土地经营权的受让方而言，依《农村土地承包法》第46条规定，其可以再流转土地经营权。不过，该条规定受让方向他人再流转土地经营权，应满足以下两个条件：一是经承包方书面同意；二是向本集体经济组织备案。2021年农业农村部公布的《农村土地经营权流转管理办法》第21条还规定，对受让方再流转土地经营权的，发包方备案后，向乡（镇）人民政府管理部门报告。有的学者认为，《农村土地承包法》第46条要求受让

---

① 房绍坤：《〈农村土地承包法修正案〉的缺陷及其改进》，载《法学论坛》2019年第5期，第13页。

方经承包方书面同意方可再流转土地经营权不妥，因为土地经营权的性质为物权，物权人依自身的意思行使权利，不需要经他人的同意。① 对此，笔者不敢苟同。因为受让方将土地经营权再流转，可能关涉承包方的利益，故由承包方书面同意较为妥当。例如，在承包方与受让方约定分期支付流转费用的情形下，若受让方将土地经营权再流转给他人，而他人因经营管理能力不足影响再流转费用的支付，便有可能出现受让方不能偿付承包方剩余流转费用的现象。因此，若受让方以土地经营权设立信托，应经承包方书面同意，并向承包方所在集体经济组织备案。

二、土地经营权信托的受托人

在信托法律关系中，受托人是接受信托财产，按照信托目的对其予以管理、处分之人。我国《信托法》第 24 条第 1 款规定，受托人可由自然人、法人担任，其中，自然人应具有完全民事行为能力。问题在于，土地经营权信托的受托人是否还应具备其他条件？非法人组织可否担任土地经营权信托受托人？若土地经营权信托受托人为共同受托人，其如何处理信托事务？

（一）土经营权信托受托人应具有农业经营或管理的能力或资质

《农村土地承包法》第 38 条对土地经营权流转的原则进行了明确规定，其中第 4 项规定土地经营权流转的对方"须有农业经营能力或者资质"。《农村土地经营权流转管理办法》第 9 条也强调，作为土地经营权流转对方的组织、个人应"具有农业经营能力或者资质"。可见，现行立法均要求土地经营权流转的对方具备从事农业经营的能力或资质。

在土地经营权信托中，若受托人为农业公司、农民专业合作社等主体，其显然具有从事农业经营能力或资质。然而，从实践中看，土地经营权信托的受托人通常为信托公司。而依《信托公司管理办法》第 2 条的规

---

① 于飞：《从农村土地承包法到民法典物权编："三权分置"法律表达的完善》，载《法学杂志》2020 年第 2 期，第 74 页。

定，信托公司是依法设立的"主要经营信托业务的金融机构"，可见，其并不具备从事农业经营的资质，且信托公司不具有农业经营能力，往往将农地适度集中后再交给他人耕作，而其自身担任管理者。若认为信托公司不具备从事农业经营的能力或资质便否定其受托人地位，将会给信托实践造成不便。所以，笔者认为，上述立法有关规定可修改为"具有农业经营或者管理的能力或者资质"。

（二）非法人组织可成为土地经营权信托的受托人

按照我国《信托法》第 24 条第 1 款的规定，只有自然人、法人方可成为信托受托人，排除了非法人组织的受托人的资格。据认为，我国《信托法》排除非法人组织的受托人资格的理由主要是受托人在素质和经营能力等方面应具备一定的条件，方可实现信托目的。[1] 但对此不无疑问。首先，非法人组织具有民事主体地位，能以自己名义对外从事民事活动并承担民事责任。尽管合伙企业等非法人组织在财产的独立性和责任承担的独立性等方面与法人存在区别，但其仍为一种民事主体。我国《民法典》也将非法人组织与自然人、法人并列，承认其民事主体地位。因此，将非法人组织排除在信托受托人的范围之外，在理论上不具有合理性。其次，非法人组织在经营能力等方面未必不如法人。以经营能力等方面应具备一定的条件为由，将非法人组织一概排除在信托受托人范围之外并不妥当。再次，考察其他国家和地区的信托法，不存在将非法人组织排除在受托人范围之外的立法例。[2]

---

[1] 全国人大《信托法》起草工作组：《〈中华人民共和国信托法〉释义》，中国金融出版社 2001 年版，第 79 页。

[2] 在美国，合伙自身也可以成为信托受托人。Edward C. Halbash Jr: Trusts, Gilbert Law Summaries, Thomas/West, 2008: 33. 转引自赵廉慧：《信托法解释论》，中国政法大学出版社 2018 年版，第 285 页。另外，在我国台湾地区，学者们就非法人团体可否担任信托受托人存在不同的观点，但我国台湾地区"信托法"并未否定非法人团体的受托人资格。参见王志诚：《信托法》，五南图书出版股份有限公司 2011 年版，第 97~98 页。

如上所述，在土地经营权信托中，受托人应具备从事农业经营或管理能力或资质。基于此，若合伙企业等非法人组织取得了农业经营资质(例如，合伙企业经登记为农业企业)，或具有从事农业经营或管理的能力，应允许其成为土地经营权信托的受托人。

(三)土地经营权信托的共同受托人问题

在信托法律关系中，若委托人选定两人以上为共同受托人，基于意思自治的原则，自应当允许，且委托人选定共同受托人有利于受托人之间彼此合作、相互监督，更好地处理信托事务，保障受益人的利益，还可确保信托管理连续性，避免独任受托人死亡、终止等情形发生后影响信托事务的管理。依我国《信托法》第31条对共同受托人处理信托事务加以规定。① 据此，土地经营权信托中，作为委托人的承包方或受让方可与两个以上受托人约定由其共同经营管理农地。此处三个问题值得探讨：其一，经营管理农地的事务是否均由共同受托人共同处理？其二，土地经营权信托委托人(即受益人)数量众多，其如何对共同受托人意见不一致的情形作出决定？其三，土地经营权信托的共同受托人经营管理农地对第三人所负的债务，应如何承担清偿责任？

1. 经营管理农地的事务是否均由共同受托人共同处理？

若土地经营权信托的所有信托事务均由共同受托人共同处理，有时并不符合效率原则和受益人的最大利益，且容易造成难以执行的情形。在这方面，可参考《日本信托法》的相关规定。依《日本信托法》第80条第2项规定，受托人为两人以上时，关于信托财产的保存行为，可由各受托人单独决定。参考这些立法例，在土地经营权信托中，不必要求所有信托事务均由共同受托人共同处理，对某些信托事务处理行为，可由受托人单独为之。例如，对农地灌溉设施的简易修缮，受托人即可单独处理，若要求共同受

---

① 依我国《信托法》第31条的规定，除非信托文件另有规定，共同受托人应共同处理信托事务；若共同受托人共同处理信托事务存在不同意见，信托文件有规定的，按其规定处理，否则，由委托人、受益人或其利害关系人决定。

人共同处理，将影响农地经营管理的效率。又如当信托农地被他人侵占时，单个受托人应可请求停止侵害、排除妨碍，不必由受托人共同为之。

2. 委托人（受益人）如何对共同受托人意见不一致的情形作出决定？

在土地经营权信托中，若信托合同未对共同受托人处理信托事务意见不一致时如何作出决定加以规定，依我国《信托法》第 31 条的规定，应由委托人、受益人或其利害关系人决定。而在土地经营权信托中，委托人（即受益人）人数众多，究竟是由全体委托人（受益人）一致决定还是由多数委托人（受益人）决定即可，我国《信托法》并未进行明确规定。在其他国家和地区的信托法中，关于共同受托人意见不一致时如何处理的态度不尽一致。① 在我国，有学者主张当委托人和受益人之间意见一致时，应申请法院作出裁定。② 也有学者认为，可参考《日本信托法》第 80 条第 1 项的上述规定，依半数以上受托人的决议来处理信托事务。③

笔者认为，土地经营权信托事务具有较强的技术性，我国法院未必熟悉土地经营权信托事务，且一旦委托人（受益人）不能达成一致意见即申请法院裁定，将大大增加法院的负担。因此，当共同受托人对经营管理农地事务意见不一致而需要由委托人（受益人）处理时，由委托人（受益人）过半数决定即可。此外，我国《信托法》第 31 条中的"利害关系人"，可解释为委托人和受益人的继承人或监护人。由于土地经营权信托中，若委托人（受益人）为自然人，其应具有完全民事行为能力，不存在监护人问题。若土地经营权信托的某一或几个委托人（受益人）死亡，而其继承人与其他委托人（受益人）就经营管理农地事务意见不一致，则应由上述主体过半数决定。

3. 共同受托人经营管理农地对第三人所负的债务，应如何承担清偿责任？

依我国《信托法》第 32 条第 1 款的规定，共同受托人应对第三人的债

---

① 《美国统一信托法典》第 703 条第 1 款规定，共同受托人不能达成一致决定时，可以依多数决行事。依《日本信托法》第 80 条第 1 项规定，受托人为两人以上时，信托事务的处理由过半数的受托人决定。我国台湾地区"信托法"第 28 条第 2 项则规定，若共同受托人意思不一致时，由全体受益人决定；若受益人意思不一致，由法院裁定。

② 周小明：《信托制度：法理与实务》，中国法制出版社 2012 年版，第 303 页。

③ 赵廉慧：《信托法解释论》，中国法制出版社 2015 年版，第 295~296 页。

务负连带责任。这一规定没有明确共同受托人是以信托财产为限对第三人承担连带责任还是以其固有财产来对第三人负连带责任。结合该法第37条规定，可以理解为若共同受托人没有违反管理职责，对第三人的债务应以信托财产为限承担连带责任；若共同受托人违背管理职责，对第三人所负债务则以其固有财产承担连带责任。但是，如果依信托合同的约定，土地经营权信托的共同受托人之间对各自的职责进行了划分，依然由共同受托人以固有财产对第三人的债务承担连带清偿责任，那么显得过于严厉。

在其他国家和地区的立法上，关于共同受托人对第三人承担责任的规定不尽相同。《美国统一信托法典》第703条(f)款规定，除(g)款另有规定外，若受托人未参与其他受托人的行为，则其不对该行为承担责任。① 据此，受托人原则上不对其他受托人独立处理信托事务的行为承担责任，仅在受托人未尽合理注意义务致使共同受托人严重违反信托等情形下例外。日本旧《信托法》第25条曾要求共同受托人对处理信托事务所负债务承担连带责任，通说认为，共同受托人处理信托事务对第三人所负债务的责任财产范围不仅包括信托财产，而且还包括受托人的固有财产。② 2006年日本修改后的《信托法》态度有所变化，依该法第83条第2项规定，信托行为中有职责区分的规定时，由于各受托人在分管的职责范围内独立处理信托事务，所以执行了职务的受托人对第三人承担责任，其他受托人仅以信托财产负履行责任；但是，如果第三人对共同受托人内部职责的区分不知情且其不知情无过失的，由各受托人承担连带责任。我国台湾地区"信托法"第29条则规定，共同受托人对因处理信托事务所负的债务，承担连带清偿责任。相较而言，2006年《日本信托法》的规定不仅考虑到共同受托人之间职责的区分，而且有利于保护第三人的利益，比《美国统一信托法典》

① 《美国统一信托法典》第703条(g)款规定："每一受托人应当对下列事项尽合理注意义务：(1)防止共同受托人实施严重违反信托的行为；(2)迫使共同受托人对严重违反信托的行为作出补救。"
② ［日］新井诚著，刘华译：《信托法》（第4版），中国政法大学出版社2017年版，第255页。

的规定更为合理，值得借鉴。

综上所述，土地经营权信托的共同受托人经营管理农地对第三人所负的债务，不宜一概承担连带责任。若信托合同对共同受托人经营管理农地的职责进行了划分，则某一受托人处理信托事务对第三人所负债务，应由其独立承担责任为宜，但第三人无过失不知道共同受托人之间进行了职责划分的，仍应由共同受托人对第三人所负债务承担连带责任。

三、土地经营权信托的受益人

受益人是委托人指定的享有信托受益权的人。信托的设立必须有确定的或可以确定的受益人。这是两大法系都认可的信托受益对象确定性要求。从我国《信托法》第 11 条第 5 项关于"受益人或者受益人范围不能确定"的信托无效之规定来看，也要求受益人具有确定性或可以确定。在土地经营权信托中，委托人是否为唯一受益人？受托人可否成为受益人之一？

目前，大多数学者主张土地经营权信托的受益人为委托人。① 但也有学者认为，家庭承包中的承包方设立土地承包经营权信托时，可指定承包经营的农户为受益人，也可以指定其他人为受益人。② 就这种观点而言，抛开土地承包经营权作为信托财产不妥当不论（对此，将在本章第二节中详述），单就受益人的范围来说，家庭承包中承包方指定其他人为受益人并不可行。因为土地经营权信托的设立旨在发挥受托人的经营管理优势，提高土地的生产效率，增加农户的收入。若土地经营权信托的受益人不是家庭承包中的承包方，而为其他主体，则与此种信托的宗旨不相符合。

依我国《信托法》第 43 条第 3 款的规定，受托人可以为受益人之一，而不得为唯一受益人。其原因在于若受托人为唯一受益人，将导致信托财

---

① 徐海燕、冯建生：《农村土地经营权信托流转的法律构造》，载《法学论坛》2016 年第 5 期，第 74 页；徐卫：《土地承包经营权集合信托模式的构建逻辑与制度设计》，上海交通大学出版社 2016 年版，第 141 页。

② 张军建：《农村土地承包经营权信托流转法律研究——信托流转与农地规模化、农业产业化和农村金融》，中国财政经济出版社 2017 年版，第 112 页。

产管理权与受益权重叠，使信托与赠与等转让所有权方式没有区别。① 然而，就土地经营权信托而言，允许受托人成为受益人之一，会面临以下问题：其一，受托人无论在经营管理能力上还是在信息掌握上，均处于优势地位，若让其成为受益人之一，恐产生不利于农户利益的情形；其二，土地经营权信托的目的在于利用受托人经营管理农地的能力，实现农地规模化、产业化经营，而不在于让受托人受益。鉴于此，在土地经营权信托中，受托人不得为受益人之一。当然，为发挥受托人经营管理农地的积极性，在土地经营权信托合同中可约定受托人的报酬事宜。

在土地经营权信托实践中存在着受益人指定不规范的现象。例如，在安徽宿州的农地信托中，农户不是受益人，委托人和受益人同为埇桥区政府，农地信托的收益由埇桥区政府取得后再分配给农户。由于农户不为受益人，不能行使《信托法》赋予受益人的诸多权利，无法对受托人的行为进行监督，这不利于农户权益的保护。为规范土地经营权信托的设立，今后土地经营权信托实践中受益人应由作为委托人的农地承包方或土地经营权受让方担任。

第二节　土地经营权信托的客体

一、土地经营权可为信托客体

（一）土地经营权符合信托财产的要件

在信托的设立阶段，委托人用于设立信托的财产为信托财产。我国《信托法》虽然明确了用以设立信托的财产包括财产权利，② 但哪些类型的财产权利可设立信托，该法未作出具体规定。学理上通说认为，可成为信

---

① 赵廉慧：《信托法解释论》，中国法制出版社2015年版，第411页。
② 参见《信托法》第7条第2款。

托财产的财产权利，应满足如下四个要件：可以金钱计算价值；积极财产性；转移或处分的可能性；现存、特定性。①

在"三权分置"视阈下，农地信托的信托财产究竟是土地承包经营权抑或土地经营权，学术界存在着两种截然不同的观点。一种观点认为，农地信托的信托财产是土地承包经营权。其理由主要包括：在现行法律上不存在土地经营权这种权利；土地承包经营权是一种完整的民事权利，从中分割出的占有、使用权能不属于财产权，无法设立信托。② 另一种观点则认为，农地信托的信托财产为土地经营权。其主要理由是土地承包经营权具有社会保障的功能，不宜作为信托财产；土地经营权属于新型的用益物权，以这一权利设立信托，有利于促进农户承包土地的自由有序流转。③而在农地信托实践中，正如前述，各地也存在着将信托财产确定为土地承包经营权和土地经营权两种不同的做法。

上述第一种观点存在的缺陷在于：（1）若农户以土地承包经营权设立信托，其应将该项权利转移给受托人，而一旦土地承包经营权发生转移，农户将失去承包土地对其带来的保障。尽管我国《信托法》未明确规定设立信托时信托财产应转移给受托人，在该法第 2 条关于信托的定义中仅规定委托人将其财产权"委托给"受托人，但从信托法理和《信托法》的有关规定来分析，可以认为，委托人应将其财产权转移给受托人。一方面，信托的特质之一在于信托财产具有独立性，若信托财产不发生转移，则信托与委托、行纪等财产管理制度的区别将无法体现。④ 另一方面，从我国《信托

---

① 参见［日］新井诚著，刘华译：《信托法》，中国政法大学出版社 2017 年版，第 280~283 页；何宝玉：《信托法原理研究》，中国法制出版社 2015 版，第 183~189 页；杨崇森：《信托法原理与实务》，三民书局股份有限公司 2010 年版，第 139~141 页。

② 参见徐卫：《土地承包经营权集合信托模式的构建逻辑与制度设计》，上海交通大学出版社 2016 年版，第 156~158 页。

③ 参见徐海燕、张占锋：《我国土地经营权信托模式的法律思考》，载《法学杂志》2016 年第 12 期；徐海燕、冯建生：《农村土地经营权信托流转的法律构造》，载《法学论坛》2016 年第 5 期；房绍坤、任怡多：《新承包法视阈下土地经营权信托的理论证成》，载《东北师大学报》（哲学社会科学版）2020 年第 2 期，第 33 页。

④ 参见周小明：《信托制度：法理与实务》，中国法制出版社 2012 年版，第 148 页。

法》的有关规定来看，委托人设立信托时已将其财产权转移给受托人。例如，该法第 14 条规定设立信托时受托人取得的财产为信托财产。若无财产权的转移，受托人何以"取得"财产？该法第 54 条规定了信托终止后信托财产的归属顺序。若设立信托的财产权未发生转移，则此项归属规则就显得毫无必要。因此，若农地信托的信托财产为土地承包经营权，则在信托设立时，农户应将其转移给受托人。这样，农户便失去了土地承包经营权。而目前土地承包经营权具有"身份性质和社会属性"，[1] 承载着对农户的社会保障功能，一旦农户失去土地承包经营权，恐将对其造成不利后果。(2)若农户以土地承包经营权设立信托，应经发包方同意，这加大了农地信托设立的难度。依《农村土地承包法》第 34 条的规定，农户转让土地承包经营权的，应当经发包方同意。这意味着若农户以土地承包经营权设立信托，尚需经发包方同意。如此无疑增加了农地信托设立的难度，不利于实现农地信托的目的。第二种观点指出了农地信托的信托财产不应为土地承包经营权，这值得肯定，但其将农地信托的信托财产确定为土地经营权的理由尚欠充分，未能从信托财产的构成要件上论证其合理性。

在"三权分置"视阈下，农地信托的信托财产应为土地经营权，这是因为土地经营权符合信托财产的构成要件。具体而言：

其一，尽管我国现行立法尚未对"三权分置"中土地经营权的性质加以明确规定，且学术界关于土地经营权究竟是一种新型的用益物权抑或债权存在着分歧，[2] 但可以肯定的是，土地经营权在性质上应属于一种脱离身份属性的财产权(如第一章所述，笔者赞成将土地经营权的性质确定为一

---

[1] 参见尹田：《物权法》，北京大学出版社 2013 年版，第 403 页。

[2] 有些学者认为土地经营权为一种新型的用益物权。例如，孙宪忠：《推进农地三权分置经营模式的立法研究》，载《中国社会科学》2016 年第 7 期；高飞：《土地承包权与土地经营权分设的法律反思及立法回应——兼评〈农村土地承包法修正案草案〉》，载《法商研究》2018 年第 3 期。而也有学者主张土地经营权为债权或物权化的债权。例如，陈小君：《我国农村土地法律制度变革的思路与框架——十八届三中全会〈决定〉相关内容解读》，载《法学研究》2014 年第 4 期；高圣平：《承包地三权分置的法律表达》，载《中国法学》2018 年第 4 期。

种新型用益物权）。目前，关于土地经营权评估作价尚未形成统一的标准。① 不过，这表明土地经营权可以金钱估算其价值。

其二，土地经营权属于积极财产。由于委托人将某项财产设立信托的目的在于通过受托人的管理、处分行为使受益人获益，因此，信托财产应具有积极财产性。单纯以消极财产或债务设立信托，不仅不能使受益人获益，反而会增加受益人的负担，这有违信托的本质。② 土地经营权是承包方、受让方占有、使用农村土地，并获取收益的权利，并不涉及权利主体的债务问题，故而该权利应属于积极财产。

其三，《农村土地承包法》第二章第五节专门对土地经营权的流转作出了具体规定，允许农户流转土地经营权以及取得该项权利的经营主体再流转土地经营权。对于以其他方式承包农地的承包方，我国《民法典》第342条和《农村土地承包法》第53条均允许其流转土地经营权。由此，土地经营权具有了信托财产"可转移性"和"现存、特定性"的特征。

值得注意的是，2017年6月9日福建省农业厅等部门联合出台了《农村承包土地经营权信托管理与服务规范》，这是在"三权分置"背景下地方政府部门颁发的第一个规范农地信托的文件。该文件实际上将农地信托的信托财产确定为土地经营权。

（二）设定抵押的土地经营权可否成为信托财产

为充分发挥土地经营权的财产功能，《农村土地承包法》第47条允许

---

① 由于土地经营权信托不涉及对土地经营权作价的问题，可参考实践中土地经营权入股时对土地经营权作价的方式。有的地方采取年租金（或土地的年均收益）与入股期限的乘积的方式对土地经营权作价。例如，山东省青州市王坟有机农业发展有限公司等农业公司即按照此种方式对土地经营权进行作价入股。有的地方采取由股东之间协商的方式确定土地经营权的出资比例。例如，贵州省盘州市有100余家农业公司按照此种方式设立。还有的地方则由土地流转服务机构对土地经营权予以作价。例如，黑龙江省桦南县的15户农户以土地经营权入股设立桦南圣田农业科技发展有限公司，土地经营权的价额由县土地流转服务机构进行估价。

② 2006年《日本信托法》虽然允许将债权债务一并作为信托财产设立信托，但仍维持了信托财产为积极财产的原则，只是承认在设定信托时可同时承继债务。

家庭承包中的承包方以土地经营权向金融机构融资担保。至于担保的具体方式，该条未作进一步规定。从国发［2015］45号、银发［2016］79号等文件的规定和目前农户向商业银行融资担保的实践来看，土地经营权融资担保的方式为抵押。① 对于其他方式承包中的承包方，我国《民法典》第342条和《农村土地承包法》第53条均明确规定了可以土地经营权设定抵押。需要探讨的是，设定了抵押的土地经营权是否可成为信托财产？

有的学者认为，由于在集合信托中，一旦信托财产被实现抵押权，将对整个信托财产造成影响，因此，为维护集合信托的稳定性，避免集合信托财产变动带来的成本消耗，应禁止有抵押负担的土地经营权设立集合信托。② 这一观点值得商榷。其一，信托财产的积极财产性并不排除以抵押财产设立信托。因为抵押财产本身不属于消极财产或债务。其二，从抵押人权利的角度来说，抵押人将财产设定抵押后，仍享有处分抵押财产的权利。我国《民法典》第406条即允许抵押人在抵押期间转让抵押财产。而信托是一种转移与管理财产的方式，土地经营权人以土地经营权设定抵押后，理应可以该抵押财产设立信托。其三，若某一土地经营权人的债权人实现抵押权，导致土地经营权信托财产的调整和受益人受益比例的变化，那么对信托财产和受益比例进行变更即可。虽然这种变更可能会影响受托人对农地的整体经营管理，但其既然接受有抵押负担的土地经营权作为信托财产，自应做好信托财产调整的规划。不过，由于土地经营权人将土地经营权设立信托，可能会影响其债权人的利益。因此，应参照我国《民法典》第406条的规定，将土地经营权设立信托的事实通知债权人。另外，当土地经营权人的债权人行使抵押权时，可对已设立信托的土地经营权申请强制执行，不受信托限制。

---

① 2015年国务院发布的《关于开展农村承包土地的经营权和农民住房财产权抵押贷款试点的指导意见》（国发［2015］45号）、2016年中国人民银行等五部委联合颁发的《农村承包土地的经营权抵押贷款试点暂行办法》（银发［2016］79号）。

② 徐卫：《土地承包经营权集合信托模式的构建逻辑与制度设计》，上海交通大学出版社2016年版，第162页。

二、土地经营权信托客体的特殊性

依信托法理，信托客体即信托财产具有同一性和独立性。其中，前者是指无论信托财产的形态如何变化，均不影响其信托财产的性质；后者则是指信托财产与委托人、受托人的固有财产相分离，成为一项独立运作的财产。① 土地经营权信托客体除具有信托客体的一般属性之外，还具有其特殊性。

（一）期限性

信托为一种继续性法律关系，一般会在信托文件中订有存续期间，即信托期间。在英美信托法中存在禁止永续原则（rule against perpetuities），旨在避免财富无限制累积，以免委托人以设立信托的方式永久控制财产未来的归属和丧失财产的可流通性。② 2009 年《英国永久持有和累积法》第 2 条规定了禁止永续原则的适用对象。③ 由于慈善信托的受托人为慈善机构，因此，慈善信托不适用于禁止永续原则。对于其他信托，该法第 5 条第 1 款规定，"永久持有期间为 125 年"。而在此前，《英国信托法》关于信托期间的态度是除慈善信托之外，信托期间不超过受益人终生加上 21 年。④ 在大陆法系国家和地区的信托法中，对信托期间则存在限制主义与放任主义两种不同的立法例。有的国家和地区对信托期间采取限制主义的态度。例如，《法国民法典》第 2018 条规定，信托期间不超过 99 年。《加拿大魁北克省民法典》第 1272、1273 条规定，私人信托或慈善信托可永久存续；以

---

① 何宝玉：《信托法原理研究》（第二版），中国法制出版社 2015 年版，第 200～217 页。

② Graham Moffat、Michel Chesterman：Trust Law Text and Material，George Weidenfeld and Nicolson Ltd.，1988：293.

③ 该原则不适用于"在一个事件发生时授予一个慈善机构而被创设的权利或利益"。

④ ［英］D. J. 海顿著，周翼、王昊译：《信托法》，法律出版社 2004 年版，第 107 页。

法人作为受益人的信托，信托期间不得超过 100 年。① 也有国家和地区对信托期间采取放任主义的态度。例如，韩国等的信托法均未对信托期间加以限制。值得关注的是，《日本信托法》于 2006 年修改前对信托期间持放任态度，而 2006 年修改后的《日本信托法》对两种类型信托的信托期间进行了限制。一种是后继遗赠型信托。② 对这种信托，自信托时起经过 30 年后，现存的受益人已依该订定取得受益权时，在该受益人死亡前或该受益权消灭前，该信托有效（《日本信托法》第 91 条）。另一种是目的信托，即未定有受益人的信托（不包括公益信托）。对此类信托，其存续期限不得超过 20 年（《日本信托法》第 259 条）。

我国《信托法》没有对信托期间的限制性规定，可以认为对信托期间采取了放任主义的态度。对此，学者们有不同的观点。一种观点认为，我国贫富差距较大，如果允许设立永久信托，那么富裕的人可通过遗嘱信托将财富进行永久控制，如此不利于和谐社会构建。③ 另一种观点则认为，我国《信托法》不规定信托期间的态度值得肯定，因为目前我国信托的主要类型为商事信托，信托公司基于防范风险的考虑，通常会在信托文件中规定一个信托期间；即使今后信托文件中出现了信托期间较长甚至长久的情形，只要不损害国家利益和社会公共利益，仍应认可其效力。④ 笔者认为，后一种观点值得认同。在私益信托中，当事人对信托期间进行自由约定，这是意思自治的表现，只要不违反法律的强制性规定，没有损害他人利益，法律不必强行介入为宜。

---

① 关于这些国家和地区对信托期间进行限制的原因，参见张淳：《信托期间：信托法的态度》，载《社会科学》2015 年第 11 期，第 115～116 页。

② 即订定于受益人死亡，该受益人的受益权消灭而由其他人重新取得受益权的信托。

③ 徐卫：《遗嘱信托制度构建研究》，法律出版社 2014 年版，第 219～220 页；张军建：《信托连续受益人制度》，载《湖南大学学报》（社会科学版）2011 年第 4 期，第 154 页。

④ 张淳：《信托期间：信托法的态度》，载《社会科学》2015 年第 11 期，第 118～119 页。

土地经营权是一种有存续期限的权利。就土地承包经营权人设定的土地经营权而言，其存续期限受法律规定的土地承包经营权人承包期限的限制。① 对于通过流转取得的土地经营权，依《农村土地承包法》第38条第3项的规定，其存续期限不得超过承包期的剩余期限。就采取其他方式承包取得的土地经营权来说，虽然现行法律没有明确规定土地经营权的存续期间，但从《农村土地承包法》第54条的规定分析，此种土地经营权仍受承包期的限制。该条规定，土地经营权人死亡的，"在承包期内，其继承人可以继续承包"。这表明以招标、拍卖、公开协商等方式取得的土地经营权，亦为一种有期限的权利。从实践中来看，对于承包"四荒地"，有的承包方与发包方约定的承包期较短，而有的承包期较长，承包方投入较大。② 可见，尽管我国《信托法》对信托期间采取了放任主义的态度，但土地经营权信托客体受到《农村土地承包法》和承包合同所规定的期限限制。

（二）用途管制性

土地用途管制是指国家划定土地用途，限制土地利用条件的制度。③ 由于土地资源具有稀缺性、不可再生性等属性，土地用途管制已成为国际上通行做法。1998年我国修改《土地管理法》后，开始实行土地用途管制制度。依该法第4条的规定，按照土地的用途，土地分为农用地、建设用地和未利用地；其中，农用地是用于农业用途的土地。土地用途管制制度为促进合理利用土地、经济和社会的发展发挥了重要作用，但同时也面临着一些问题。例如，我国对土地用途管制的主要目的之一在于保护耕地，而

---

① 我国《民法典》第332条第1款和《农村土地承包法》第21条第1款均规定："耕地的承包期为三十年。草地的承包期为三十年至五十年。林地的承包期为三十年至七十年。"

② 黄薇主编：《中华人民共和国民法典物权编释义》，法律出版社2020年版，第359页。

③ 郭洁：《土地用途管制模式的立法转变》，载《法学研究》2013年第2期，第60页。

在实践中，耕地保护的目标并没有得到很好落实。① 2019 年我国修正的《土地管理法》将"基本农田"修改为"永久基本农田"，并对永久基本农田实行严格保护，强调任何人不得擅自占用或改变其用途(第33~35条)。

依我国《民法典》第 340 条和《农村土地承包法》第 37 条的规定，土地经营权人有权占有农村土地，并从事农业生产经营。可见，土地承包经营权人、经流转取得土地经营权的主体仅能利用土地进行农业生产经营活动，不得从事非农业活动。以其他方式承包"四荒地"的土地经营权人，依《土地管理法》第 13 条的规定，也仅能利用该土地从事种植业、林业、畜牧业、渔业生产。且土地经营权信托旨在实现农地的规模化、产业化经营，发展现代农业，因而，这种信托客体理应受到用途管制。

(三)范围限定性

土地经营权信托设立时，信托客体为土地经营权，且依信托法理，土地经营权信托存续期间，受托人经营管理农地产生的收益也应属于信托客体的范围。然而，有必要探讨的是，受托人在经营管理农地期间铺设的管道、修建的设施等财产是否属于信托客体范围？若土地被征收，有关补偿费用是否应归于信托客体范围？

对第一个问题，在我国《信托法》中没有明确规定。《日本信托法》第 17 条、《韩国信托法》第 24 条均规定，信托财产与受托人的固有财产发生添附的，应根据民法有关规定，确定附合物、混合物、加工物的归属。这种立法例可供借鉴。若铺设的管道、修建的设施等财产与农地附合的，应适用民法上的添附制度。依我国《民法典》第 322 条的规定，受托人在经营管理农地过程中铺设的管道、修建的设施等的所有权归属，委托人与受托

---

① 2017 年末，全国耕地面积为 13486.32 万公顷(20.23 亿亩)，全国因建设占用、灾毁、生态退耕、农业结构调整等减少耕地面积 32.04 万公顷，通过土地整治、农业结构调整等增加耕地面积 25.95 万公顷，年内净减少耕地面积 6.09 万公顷。参见自然资源部：《2017 中国土地矿产海洋资源统计公报》，http：//gi. mnr. gov. cn/201805/P020180518560317883958. pdf，访问日期：2020 年 1 月 25 日。

人有约定的，按照约定；没有约定的，则为充分发挥土地的效用，将这些设施归属为信托财产范围。若铺设的管道、修建的设施等财产未与农地附合，例如，在农地上搭建的简易温室，不具有固定性，不构成农地的重要成分，则其不归属于信托财产范围。①

对第二个问题，有学者认为，若土地被征收的，青苗补偿费和其他地上附着物应归属于信托财产范围，而农户获得的土地补偿费不应全部纳入信托财产，仅将其按照信托剩余期限与土地经营权剩余期限的比例纳入信托财产，因为农户的土地补偿费是对其经营权丧失的全部补偿，而信托有其存续期限。② 由于土地经营权信托中受托人对农地实施经营管理，由此产生的青苗和其他附着于土地之物归属于信托财产应属合理。然而，对于土地经营权人获得的土地补偿费仅部分归属于信托财产则值得商榷。因为其一，信托财产具有同一性。在信托存续期间，无论信托财产的形态和价值如何变化，其发生变动所取得的代位物仍应属于信托财产。③ 据此，因土地征收而对某主体丧失土地经营权的土地补偿费，属于该土地经营权的代位物，应归入集合信托财产的范围。其二，土地补偿费的确定并非完全以土地经营期限作为计算依据。2019 年《土地管理法》修订之前，关于土地补偿费的计算依据是按土地原用途予以补偿，其中耕地的土地补偿费为前三年平均产值的 6～10 倍（第 47 条）。2019 年修订后的《土地管理法》对农用地的土地补偿费改采片区综合地价标准，而该标准需要考虑土地用途、产值、区位、经济发展水平等诸多因素（第 48 条）。既然土地经营权人获得的土地补偿费的确定并非完全以土地经营期限作为计算依据，按照土地经营权信托剩余期限与土地经营权剩余期限的比例来确定归入信托财产的

---

① 学理上认为，动产须成为不动产的重要成分，方才有附合的问题，而所谓重要成分，为两物结合后具有固定性和继续性。参见谢在全：《民法物权论》（上册），中国政法大学出版社 1999 年版，第 258 页。

② 徐卫：《土地承包经营权集合信托模式的构建逻辑与制度设计》，上海交通大学出版社 2016 年版，第 166 页。

③ 参见何宝玉：《信托法原理研究》（第二版），中国法制出版社 2015 年版，第 204 页；王志诚：《信托法》，五南图书出版股份有限公司 2011 年版，第 143 页。

范围便显得不妥当。此外，在我国台湾地区的司法实践中，存在将土地征收补偿费归属于信托财产的判例。① 尽管两岸土地制度上有重大区别，但上述判例关于信托财产范围的态度可供参考。

三、由土地经营权信托的客体反思信托财产主体性

（一）承认信托财产主体性的学说

英美信托法理论对信托财产主体性一向持肯定态度。② 例如，英国学者 Hayton 指出，受托人可向买受人转让所有权，"如果受益人仅在转让后才发现该违反信托的事实，且如果受让人是在注意到违反信托的情况下接受了这一转让，那么该受让人将被迫返还财产给信托基金"③。这一观点实际上将信托基金视为接受返还财产的主体。

在日本，四宫和夫教授明确提出信托财产实质性法主体说。其认为信托财产实质上为独立的主体，理由如下：第一，信托目的独立于信托的全部当事人之外，信托财产具有内部的统一性和独立性；第二，信托财产与信托当事人之间存在法律关系，继而在信托财产与第三方的关系上，受托人仅为信托财产的"机构"或"代表"；第三，"受托人实现信托目的的行为＝信托财产的行为"这一架构原则上成立。④ 在我国台湾地区，有些学者也持信托财产主体性观点。王文宇教授认为，大陆法系下承认特定之"财产"成为权利主体，并非不可能之事，财团法人即为对一定财产之集合体赋予独立的法人地位；唯有将信托财产与信托当事人之固有财产相切割，承认信

---

① 我国台湾地区"最高法院"2002年台上字第1049号判决要旨中，即有"受信托土地被政府征收，所得之补偿款仍为信托财产"的表述。参见谢哲胜：《信托法》，元照出版有限公司2009年版，第111~112页。

② 张淳：《信托法哲学初论》，法律出版社2014年版，第225页。

③ ［英］D. J. 海顿著，周翼、王昊译：《信托法》，法律出版社2004年版，第29页。

④ ［日］新井诚著，刘华译：《信托法》，中国政法大学出版社2017年版，第39~40页。

托财产权利主体地位，方可真正发挥信托法特殊的功能。① 谢哲胜教授主张，信托财产具有实质的法律主体性，可以作为享受权利负担义务的主体，但也须受托人为机关而代表为法律行为。② 方嘉麟教授主张，信托财产实际运作有拟人化倾向自成个体，例如受托人垫付的事务费用及信托报酬自"信托财产"求偿；受托人失职时须向"信托财产"补偿损失等。③

我国大陆学者存在持信托财产主体性的观点。例如，有学者基于信托财产的独立性和信托当事人对第三人的有限责任，将信托财产主体性认定为信托法的核心和功能。④ 也有学者认为，信托目的的独立性是信托财产具有独立人格的根本原因，信托目的的独立性引致独立的意思、独立的组织财产、独立的责任，由此信托财产具备人格特征和主体条件。⑤

(二)信托财产主体性之反思

分析上述关于信托财产主体性的学说可知，英美信托法理论上关于信托财产主体性的论述显得不够透彻，而日本学者和我国学者对于信托财产主体性的论述多从信托财产的独立性角度展开。当然，也有学者从信托目的的独立性(例如，四宫和夫、陈一新等学者)、信托责任的独立性(例如，方嘉麟、耿利航等学者)视角论证信托财产的主体性。

然而，笔者主张，不能认定信托财产的主体性。因为其一，不能依信托目的的独立性、信托财产的独立性、信托责任的独立性等就认定信托财产具有主体地位。尽管信托目的具有独立性，但一项信托的信托目的系由

---

① 王文宇：《民商法理论与经济分析(二)》，中国政法大学出版社 2003 年版，第 310~311 页。

② 谢哲胜：《信托法》，元照出版有限公司 2009 年版，第 109 页。

③ 方嘉麟：《信托法之理论与实务》，中国政法大学出版社 2004 年版，第 31 页。

④ 耿利航：《信托财产与中国信托法》，载《政法论坛》2004 年第 1 期，第 96 页。

⑤ 陈一新：《论信托财产的主体性》，载《交大法学》2019 年第 2 期，第 78~81 页。

委托人设定，且信托设立后，委托人仍可变更信托目的。诚然，信托财产的独立性不仅包括信托财产与受托人的固有财产相区分，而且包括信托财产与委托人、受益人的财产相区别，但此为实现信托目的的需要，"要把承认信托财产的独立性与承认信托财产的法人格区别开来"①。至于以信托财产对外独立承担责任，意味着若受托人处理信托事务无不当行为，则对第三人承担责任仅以信托财产为限。因而，就第三人求偿或起诉的对象而言，其为受托人而不是信托财产。以土地经营权信托为例，若承认信托财产的主体性，则会在委托人（承包方或受让方）、受托人之外产生一个新的权利主体。那么，这一权利主体的名称为何、是否需要登记、与承包方或受让方之间为何种关系？而实践中，受托人以自己的名义经营管理信托农地，且与第三人产生法律关系，并无一个新的权利主体出现。其二，将信托财产主体化，成为财团法人，将使信托结构复杂化。若信托财产本身为法人，受托人只能为该法人的组织机构，那么受托人不仅对受益人履行义务，而且要对信托财产这一法人履行义务。如此，将导致信托结构十分复杂。

从立法例上看，《日本信托法》第 74 条第 1 项明确规定："因第 56 条第 1 项第 1 款规定之事由，受托人任务终了时，信托财产成为法人。"该法第 56 条第 1 项第 1 款规定的事由包括受托人死亡、破产、辞任等情形。但这仅为受托人任务终止后新的受托人产生之前对信托财产的法人拟制。②在新受托人就任之后就无需法人拟制了，所以该法第 74 条第 4 项规定"新受托人就任时，第 1 项之法人视为未成立"。可见，该法将信托财产法人化仅为例外。在我国，《信托法》上存在保障信托财产独立性的诸多规定，例如，信托财产与受托人固有财产相区分（第 16 条）、禁止管理信托事务产生的债权与受托人个人债务相抵销（第 18 条）等。这正好说明信托财产

---

① ［日］能见善久著，赵廉慧译：《现代信托法》，中国法制出版社 2011 年版，第 47 页。

② ［日］新井诚著，刘华译：《信托法》，中国政法大学出版社 2017 年版，第 178 页。

不具有主体性。①

第三节 土地经营权信托设立方式

一、土地经营权信托合同为要式合同

依我国《信托法》第 8 条第 2 款的规定，信托的设立方式包括信托合同、遗嘱和其他书面文件。土地经营权信托属于自益信托，且作为委托人的承包方或受让方一般是农户、农业公司、农民专业合作社等主体，因此，土地经营权信托的设立以采取合同方式为妥，不适宜采取遗嘱和其他书面文件的方式。从实践中看，土地经营权信托也采取合同方式设立。

在英美法系中，对信托设立的形式没有一般性要求。在大陆法系的日本、韩国等的信托法上，也未强制要求信托合同采取书面形式。根据我国《信托法》第 8 条第 1 款的规定，信托合同为要式合同，应采取书面形式。在学界，有的学者对信托合同的要式性提出质疑，认为无必要对每一个信托都规定采取书面形式，特别是对那些财产价值较小的信托。② 也有学者认为，强调信托设立的形式要件有违意思自治原则。③ 上述观点对一般信托而言或许有其合理性，但对土地经营权信托而言，则不能适用。这是因为：其一，土地经营权信托属于集合信托，涉及众多受益人利益。若不以书面形式将当事人的权利义务在合同中予以确定，恐发生受托人损害受益人利益的情形，不利于保护众多受益人的利益。其二，土地经营权信托是一种规模化的土地流转形式，法律关系较为复杂。与一般的土地流转形式

---

① 诚如学者指出："若信托财产具备主体性，则信托的财产与受托人的财产分别归属于不同的主体，不需要以专门条款规定禁止混同、抵销。"赵廉慧：《信托法解释论》，中国政法大学出版社 2015 年版，第 215 页。

② 谭振亭主编：《信托法》，中国政法大学出版社 2010 年版，第 25 页。

③ 余卫明：《信托受托人研究》，法律出版社 2007 年版，第 141 页。

不同，土地经营权信托为一种规模化的土地流转形式，涉及农地的经营管理、信托利益的计算和交付、对受托人的监督等诸多事宜，有必要以书面合同的方式加以约定，防止在信托期间当事人之间产生纠纷。

综上所述，土地经营权信托合同应采取书面形式。至于土地经营权信托合同的具体内容，可依据我国《信托法》第 9 条的规定加以确定。①

二、土地经营权信托合同为诺成性合同

众所周知，合同有诺成性合同与实践性合同之分。② 由于英美法系中不存在诺成性合同与实践性合同之分，因此关于信托合同的性质为诺成性合同还是实践性合同的讨论仅在大陆法系国家和地区学者中展开，主要有以下几种观点。第一种观点认为，信托合同属于诺成性合同。在日本，学者关于信托合同性质的通说是诺成性合同说，认为委托人和受托人之间就缔结信托合同达成一致，信托合同即成立。③ 在我国台湾地区，王志诚教授认为，受托人似乎只要依照委托人所为意思表示的内容为承诺，信托契约即告成立。④ 第二种观点认为，信托合同属于实践性合同（要物合同）。例如，日本学者青木彻二认为，1922 年《日本信托法》第 1 条规定"进行财产权转让和其他处理行为"，"并非约定将来进行该转让和其他处理行为之意，而是已经进行了转让和其他处理行为"。日本学者田中实也认为，"信托原则上是无偿合同，应于目的物移交之后再承认信托的成立和生效，令

---

① 具体应包括以下事项：（1）土地经营权信托的目的；（2）委托人、受益人的姓名或名称、住所；（3）受托人的姓名或名称、住所；（4）土地的位置、面积；（5）受托人经营管理土地的方法或受托人的权利义务；（6）信托期限；（7）信托利益的计算、向受益人交付信托利益的方式；（8）受托人的报酬；（9）对受托人行为的监督；（10）信托终止事由及信托财产的归属；（11）其他事项。

② 其中，诺成性合同是指当事人各方的意思表示一致即可成立的合同；实践性合同是指除当事人意思表示一致之外，尚需要交付标的物或完成其他给付才能成立的合同。

③ ［日］新井诚著，刘华译：《信托法》（第 4 版），中国政法大学出版社 2017 年版，第 99 页。

④ 王志诚：《信托法》，五南图书出版股份有限公司 2011 年版，第 76 页。

受托人履行管理义务为宜"，因此，要物说具有合理性。① 在我国台湾地区，方嘉麟教授认为，信托关系凸显"要物性"，自定义模式观之，则信托行为似更类似民法要物契约之使用借贷与消费借贷。② 谢哲胜教授也主张设定信托行为属于要物行为，因为设定信托的要件需已移转指定的金钱或财产。③ 第三种观点主张，信托合同以实践性合同（要物合同）为原则，而以诺成性合同为例外。日本学者新井诚认为，为了推进旨在资产证券化、流动化的信托，应承认信托合同诺成性，而在其他信托领域，应坚持信托合同要物性。④

从立法上看，关于信托合同属于诺成性合同还是实践性合同，大陆法系国家和地区的态度不尽一致。《日本信托法》于 2006 年修改之前将信托合同定性为实践性合同，而修法后则将信托合同定性为诺成性合同。⑤ 该法第 4 条第 1 款进一步规定，以信托契约方法设立的信托，自信托契约签订时生效。这表明信托合同为诺成性合同，采取这一立场的理由是，在信托财产移转以前就有必要让受托人承担忠实等义务，在受托人利用和信托财产相关的信息取得利益之时就应让受托人承担违反忠实义务的责任。⑥ 我国台湾地区"信托法"未明确规定信托合同属于诺成性合同还是实践性合同。其第 1 条规定⑦的通常解释为要求以信托契约方式设立信托，除须具

① ［日］新井诚著，刘华译：《信托法》（第 4 版），中国政法大学出版社 2017 年版，第 99 页。

② 方嘉麟：《信托法之原理与实务》，中国政法大学出版社 2004 年版，第 248 页。

③ 谢哲胜：《信托法》，元照出版有限公司 2009 年版，第 77 页。

④ ［日］新井诚著，刘华译：《信托法》（第 4 版），中国政法大学出版社 2017 年版，第 103 页。

⑤ 该法第 3 条关于信托的设立方法规定，信托可以采取信托契约的方式设立，即与特定人缔结以移转财产、设定担保或为其他处分予该特定人，且该特定人应基于一定的目的，为财产的管理、处分或其他欲达成该目的之必要行为之契约。

⑥ ［日］能见善久著，赵廉慧译：《日本新信托法的理论课题》，载《比较法研究》2008 年第 5 期。

⑦ 该条规定："称信托者，谓委托人将财产权移转或为其他处分，使受托人依信托本旨，为受益人之利益或为特定之目的，管理或处分信托财产之关系。"

有委托人与受托人之间的意思表示之外，还应当移转财产权，因此，信托契约属于实践性契约(要物契约)。①

我国《信托法》第 8 条第 3 款规定："采取信托合同形式设立信托的，信托合同签订时，信托成立。"我国学者通说对信托合同的诺成性持肯定态度，② 但也有学者认为，区分信托合同的诺成性与实践性意义有限，主要理由是若将信托合同定性为诺成性合同，一旦委托人不交付信托财产，受托人有权请求其赔偿损失；若将信托合同定性为实践性合同，当委托人不交付信托财产时，受托人也有权要求信赖利益赔偿。③

笔者赞成将信托合同定性为诺成性合同，由此，土地经营权信托合同应属于诺成性合同。因为：

其一，将信托合同定性为诺成性合同与实践性合同的法律意义在于信托合同中转移信托财产的条款是否具有强制执行力。如将信托合同的性质确定为诺成性合同，则意味着只要委托人与受托人之间达成合意，委托人就应当将信托财产转移给受托人，而不得不履行转移信托财产的义务。若将信托合同的性质确定为实践性合同，则表明转移信托财产的条款不具有强制执行力，委托人和受托人均可以反悔而不予履行。尽管无论将信托合同定性为诺成性合同还是实践性合同，若委托人不交付信托财产，受托人均享有赔偿请求权，但从维护诚信原则的角度而言，将信托合同定性为诺成性合同较为妥当。土地经营权信托以诚信原则作为法理基础，宜将土地经营权信托合同的性质确定为诺成性合同。

其二，从合同类型上看，合同诺成性已成发展趋势，实践性合同的类型仅限于少数合同。就土地经营权信托合同而言，其成立与履行不仅关系受益人的利益，而且关涉农业规模化、产业化经营，促进现代农业的发展

---

① 杨崇森：《信托法原理与实务》，三民书局股份有限公司 2010 年版，第 68 页。

② 参见张淳：《中国信托法特色论》，法律出版社 2013 年版，第 116 页；何宝玉：《信托法原理研究》(第二版)，中国法制出版社 2015 年版，第 124 页；楼建波：《区分信托合同与信托：昆山纯高案的另一种说理路径》，载《社会科学》2020 年第 11 期，第 108 页。

③ 赵廉慧：《信托法解释论》，中国法制出版社 2016 年版，第 117~119 页。

问题。因此，将这种信托合同的性质确定为诺成性合同较为合理。

第四节　土地经营权信托的公示

一、信托公示的一般原理

信托公示是指将一定财产或财产权已设立信托的事实向社会予以公开。由于信托财产具有独立性，一旦在某项财产或财产权上设立信托，将对与委托人或受托人进行交易的相对人产生重要影响。具体而言，委托人将某项财产或财产权设立信托后，其债权人将不能要求以该项财产或财产权偿债，除非出现委托人为逃避债务而设立信托的情形;① 受托人尽管有权对信托财产进行管理、处分，但其债权人也无法以信托财产偿债。可见，若不以一定方式将某项财产或财产权设立信托的事实予以公示，恐对委托人、受托人的债权人不利，从而影响交易安全。

在英美法系，信托法中没有专门的信托公示制度。一方面，英美信托法中要求受托人与第三人进行交易时履行告知义务。受托人管理信托事务中，应表明自己作为信托受托人的身份，以便与之交易的相对人知晓交易的风险。否则，受托人对第三人应承担个人责任。例如，《美国统一信托法典》第1010条(a)款即有此方面的规定。② 另一方面，英美信托法中受托人的分别管理义务中要求受托人采取一定的方法将信托财产与固有财产相分离，这实际上已发挥了信托公示的功能。③

大陆法系国家和地区的信托法中对信托公示作了专门规定。2006 年

---

① 例如，我国《信托法》第12条规定，信托的设立有损债权人利益的，债权人有权行使撤销权。

② 《美国统一信托法典》第1010条(a)款规定："除契约另有规定外，受托人在管理信托的过程中，以该受托人的受信人身份适当订立契约，并已在契约中披露自己的受信人身份的，不对该契约承担个人责任。"

③ 《美国统一信托法典》第810条(b)款规定："受托人应当保持信托财产与受托人自有财产的分离。"

《日本信托法》第 14 条规定，以权利得失、变更未经登记或注册不得对抗第三人的财产设立信托，非经信托登记或注册，不得以该财产为信托财产对抗第三人。对于其他财产权（例如，一般动产、普通债权等）设立信托的，该法未规定信托公示方法。不过，该法第九章"限定责任信托的特例"中，对限定责任信托登记的财产范围却没有加以限制。① 该法第 232 条规定的登记事项中并未限定信托财产的范围。② 2011 年《韩国信托法》第 4 条第 1 款对信托登记进行了规定，若信托财产中包含需要办理财产权登记的财产，那么该财产可通过信托登记对抗第三人。该条第 2 款还规定，信托财产为不需要进行财产权登记的财产，则将该财产与受托人的其他财产区别管理，方可对抗第三人。③ 我国台湾地区"信托法"第 4 条第 1、2、3 款分别对"应登记或注册之财产权""有价证券""股票或公司债券"设立信托的公示方法进行了明确规定。对以上述财产之外的其他财产设立信托的，该法也未规定信托公示方法。这主要是考虑到与应公示的财产相比，这类财产经济价值不大，而且数量、种类繁多，若都要予以公示，则手续极为复杂，因公示所耗的费用也必极高。学界普遍认为，公示的复杂程度及其产生的成本比不公示对第三人的影响和损失要大，因此不主张其他财产的公示。④ 当信托财产无需登记或注册，致使信托公示的效果无法实现时，受益人可否以该财产为信托财产对抗第三人？对此，在我国台湾地区学者

---

① 该法第 216 条规定："限定责任信托，是根据信托行为以全部信托财产负担债务，以属于受托人的信托财产负其履行责任的信托。依据第二百三十二条的规定，限定责任信托经登记发生效力。"

② 其原因在于受托人仅以信托财产为限承担责任而不承担个人财产责任，这对与之进行交易的债权人较为不利，为使债权人知晓交易的风险，需要对全部信托财产进行登记公示。参见赵廉慧：《日本信托法修改及其信托观念的发展》，载《北方法学》2009 年第 4 期，第 157 页。

③ ［韩］吴英杰：《韩国：发展和挑战》，载何锦璇、李颖芝主编：《亚洲大陆法系国家和地区中的信托法》，查松译，法律出版社 2020 年版，第 52 页。

④ 方嘉麟：《信托法之理论与实务》，中国政法大学出版社 2003 年版，第 245 页。

意见不统一。①

我国《信托法》第 10 条对信托公示进行了明确规定。据此，我国信托公示制度具有以下特点。

其一，信托公示的财产范围为"有关法律、行政法规规定应当办理登记手续的"财产或财产权。在我国现行法律、行政法规中，以登记作为财产权取得、变更要件的财产，主要包括不动产、机动车、船舶、航空器和知识产权等。这一点与日本、韩国等信托法上的态度相一致。

其二，信托公示的方法为登记。但信托登记机构为哪一机构，该法未作明确规定，也没有其他法律法规加以规定。这就导致当事人欲办理信托机构，而无机构予以登记的尴尬局面。对此，学界存在不同的观点。一种观点认为，应由现有的财产权登记机构作为信托登记机构。② 另一种观点认为，应设立专门的信托登记机构。③ 2016 年中国信托登记有限责任公司成立。但该公司的业务主要是对信托公司发行的信托产品进行登记，而不涉及信托财产的登记问题。因此，该公司与我国《信托法》第 10 条所规定的信托登记机构显然不同。

其三，信托公示的效力采取登记生效要件主义。这一点与日本、韩国等信托法上实行信托公示对抗要件主义迥异。有的学者认为，我国应借鉴其他国家和地区的立法例，改采信托登记对抗主义。④ 也有学者主张信托登记生效主义在促成当事人办理登记和政府监督方面起到的积极作用要大一些，因此，对信托登记生效主义持肯定态度。⑤ 还有学者主张依据现有

---

① 王文宇、王志诚、谢哲胜：《中国台湾地区：历史、现状与前景》，载何锦璇、李颖芝主编，查松译：《亚洲大陆法系国家和地区中的信托法》，法律出版社 2020 年版，第 73~74 页。

② 汤淑梅：《信托登记制度的构建》，载《法学杂志》2008 年第 6 期，第 139 页。

③ 夏锋：《我国信托登记制度的理论与实务研究》，http://www.chinalaw.gov.cn/article/dfxx/zffzyj/200903/20090300129798.shtml，访问日期：2020 年 7 月 2 日。

④ 孟强：《信托登记制度研究》，中国人民大学出版社 2012 年版，第 99~102 页；吕红：《论我国信托公示制度的完善》，载《社会科学》2004 年第 2 期。

⑤ 张淳：《中国信托法特色论》，法律出版社 2013 年版，第 133~134 页。

的财产权登记效力的不同，分别采取信托登记生效主义和对抗主义。① 我国《信托法》第10条第2款允许未办理信托登记的信托财产补办登记，不补办信托登记将导致信托不生效。这似乎意味着立法者旨在缓和信托登记生效主义的强制性规定。

二、土地经营权信托公示规则的构建

依我国《信托法》第10条的规定，以"有关法律、行政法规规定应当办理登记手续"的财产设立信托的，应办理信托登记；未办理信托登记的，该信托不生效。那么，以土地经营权设立信托的，是否应进行信托登记呢？由于《民法典》《农村土地承包法》《不动产登记暂行条例》等法律、行政法规均未规定土地经营权应办理登记手续，所以，从现行立法中无法找到土地经营权信托登记的依据。② 在学术界，目前学者们均认为以土地经营权设立信托的，应办理信托登记。其理由可归纳为以下几点：其一，土地经营权信托登记有利于保护善意第三人的利益，维护交易安全③；其二，土地经营权信托登记对外公示农户受益权的存在，有利于保护农户的利益④；其三，土地经营权信托登记是保障信托财产独立性的主要手段⑤。从实践来看，如前所述，各地对农地信托是否应办理信托登记的态度不尽

---

① 吕红：《论我国信托公示制度的完善》，载《社会科学》2004年第2期。

② 我国《民法典》第341条规定："流转期限为五年以上的土地经营权，自流转合同生效时设立。当事人可以向登记机构申请土地经营权登记；未经登记，不得对抗善意第三人。"《农村土地承包法》第41条也规定："土地经营权流转期限为五年以上的，当事人可以向登记机构申请土地经营权登记。未经登记，不得对抗善意第三人。"可见，上述规定未要求土地经营权应当办理登记手续。此外，我国《民法典》第342条、《农村土地承包法》第53条还规定以其他方式承包的"四荒地"，"经依法登记取得权属证书的，可以依法采取出租、入股、抵押或者其他方式流转土地经营权"。这也未要求土地经营权应当办理登记手续。

③ 李蕊：《农地信托的法律障碍及其克服》，载《现代法学》2017年第4期。

④ 徐海燕、冯建生：《农村土地经营权信托流转的法律构造》，载《法学论坛》2016年第5期，第77页。

⑤ 袁泉：《土地经营权信托设立的理论构建——以"三权分置"为背景》，载《西南政法大学学报》2017年第2期。

一致。在福建、安徽等地，受托人应向县级或乡镇政府农村土地流转部门办理信托登记，而在黑龙江、湖南等地，则未要求农地信托进行信托登记。

如上所述，信托登记是大陆法系的日本、韩国等国家和地区在引入英美法系信托法时创设的一项制度。① 但在这些国家和地区的信托法上，信托登记只产生对抗第三人的效力，不影响信托的设立。② 我国制定《信托法》时，借鉴上述国家和地区的做法，也专设了信托登记制度。据《信托法》起草工作组解释，我国之所以设立信托登记制度，其原因在于：信托设立后，信托财产就成为了一项独立的财产。委托人、受托人在与他人进行交易时，未登记的信托财产可能给不知情的第三人带来损害。为了在信托财产的管理、处分特别是交易过程中保护第三人的合法权益，应对以一定财产设立信托的进行信托登记。③

然而，以土地经营权设立信托的，办理信托登记并非必要，由受托人将信托合同向当地县级自然资源管理部门备案即可。理由如下：

第一，信托登记增加了土地经营权信托设立的成本，而信托合同备案则可降低该成本，便利土地经营权信托的设立。尽管《信托法》规定了信托登记制度，但目前该登记制度尚不完善且不具有可操作性，哪些信托财产应办理信托登记、信托登记机构为谁、如何进行信托登记等事项均不明确，学术界对这些问题也存在诸多争议。④ 2017 年 8 月 25 日原中国银行业监督管理委员会出台了《信托登记管理办法》，然而其适用的对象为信托机构发行的信托产品，并不涉及信托财产登记。若设立土地经营权信托必须

---

① 参见何宝玉：《信托法原理研究》，中国法制出版社 2015 年版，第 134～135 页。

② 参见《日本信托法》第 14 条、《韩国信托法》第 3 条。

③ 全国人大《信托法》起草工作组：《〈中华人民共和国信托法〉释义》，中国金融出版社 2001 年版，第 42 页。

④ 参见吕红：《论信托公示制度的完善》，载《社会科学》2004 年第 2 期；汤淑梅：《信托登记制度的构建》，载《法学杂志》2008 年第 6 期；张淳：《中国信托法特色论》，法律出版社 2013 年版，第 120～137 页。

办理信托登记，便应设计一套土地经营权信托登记规则，且要求农户、受托人按照此规则办理信托登记。如此，无疑增加了设立土地经营权信托的成本。而由受托人将信托合同向当地县级国土资源管理部门备案，则避免了设计和运作土地经营权信托登记规则带来的困难，可降低土地经营权信托设立的成本，为其设立提供了便利。

第二，不办理土地经营权信托登记而将信托合同进行备案，可维护交易安全。主张办理土地经营权信托登记的理由之一是信托登记有利于保护交易安全。然而，由受托人将土地经营权信托合同向当地县级国土资源管理部门备案，可彰显土地经营权的信托财产属性。这样，与受托人进行交易的第三人便可知晓土地经营权设立信托的事实，从而不会影响交易安全。

第三，不办理土地经营权信托登记而对信托合同予以备案，不会影响农户的利益。在土地经营权信托法律关系中，农户具有委托人兼受益人的双重身份。在"三权分置"视阈下，作为土地承包经营权人的农户将其土地经营权转让给信托受托人行使，农户作为土地承包经营权主体的法律地位并没有发生任何改变。而土地经营权信托合同备案已能显示农户受益权的存在。信托期间，受托人为农户的最大利益行使土地经营权，且土地经营权与受托人的固有财产相区分，受托人自身的债权人不得以土地经营权作为偿债对象；信托期限届满或发生法定事由，土地经营权将回复至农户。可见，对土地经营权信托不办理信托登记而进行信托合同备案，不会对农户的利益产生影响。

第四，实践中农地信托登记名实不符，实质上为信托合同备案。在福建，依 2017 年公布的《农村承包土地经营权信托管理与服务规范》第 5 条第 3 款第 5 项规定，土地信托机构应在信托合同签订后分别向乡（镇、街道）、县级土地流转管理服务中心办理土地经营权信托登记，而登记材料为《土地经营权信托合同》。在安徽，受托人也是将农地信托合同向政府农村土地流转部门办理信托登记。这与《信托法》上信托登记的对象为信托财产迥然不同，名义上为"信托登记"，实质上为信托合同备案。

　　第五，将土地经营权信托合同进行备案有可供借鉴的国外经验。在日本，农地信托有三种类型，即为了出售土地的信托(出售信托)、为了出租运作的信托(出租运作信托)以及将两者并用的信托(出售出租运作信托)。① 根据2015年《农地信托规则》第6条的规定，无论农地信托采取何种类型，作为受托人的农业协同组合订立信托合同后，须立即向当地的农业委员会报告该信托合同所载明的信托财产的所在地。② 这种做法颇具借鉴意义，既便利了农地信托的设立，又体现了对农地信托的政府监管。

---

　　① ［日］关谷俊作著，金洪云译：《日本的农地制度》，生活·读书·新知三联书店2004年版，第262页。

　　② 张军建：《农村土地承包经营权信托流转法律研究》，中国财政经济出版社2017年版，第73页。

第四章 土地经营权信托受托人的权利义务与民事责任

土地经营权信托设立后，将由受托人对农地进行管理。而受托人如何管理农地，关系到土地经营权信托的目的能否实现，因此，土地经营权信托运行的关键在于受托人。土地经营权信托受托人的权利义务与民事责任制度是土地经营权信托法律制度的核心内容。鉴于此，本章将对土地经营权信托受托人管理农地的权利、义务以及民事责任问题进行研究。

第一节 土地经营权信托受托人的权利

根据我国《信托法》第 2 条的规定，受托人享有对信托财产进行管理或处分的权利。土地经营权信托的信托财产为土地经营权。而对于土地经营权的含义，依我国《民法典》第 340 条和《农村土地承包法》第 37 条的规定，其为"在合同约定的期限内占有农村土地，自主开展农业生产经营并取得收益"的权利。据此，受托人在信托期间享有占有和自主经营农地的权利，自不待言。有疑问的是，受托人可否以土地经营权再设定信托，或将土地经营权转让给他人，或为融资需要而以土地经营权设定抵押？在实践中，由于对信托农地进行整理开发需要大量资金，信托公司一般通过向投资者发行集合资金信托计划的方式募集资金。例如，在安徽宿州的农地信托中，中信信托有限责任公司即采取此种方式融资。若允许受托人以土地经营权设立抵押，可为满足其融资需求提供新的途径。

一、受托人可否以土地经营权再设定信托

土地经营权信托由委托人与受托人以信托合同的方式设立。但受托人可否以土地经营权为信托财产，与他人再设定一个信托关系？对此，我国《信托法》未作明确规定，我国学者也未展开研讨。

在其他国家和地区，有的学者认为，依信托行为的特别约定，原信托的受托人可成为委托人，将信托业务向再信托的受托人委托。在再信托情形下，原信托的受托人仅承担选任和监督的责任；对委托人和受益人的责任而言，再信托的受托人和原信托的受托人负同一责任。① 也有学者主张，如信托契约明定受托人可为二重信托（再信托），依私法自治或契约自由，并无禁止二重信托之理。但如信托契约未明文承认，则二重信托是否合法不能予以全盘肯定或否定。具体而言，受托人如将信托财产再设定信托给第三人，其是否违反不得在信托财产上设定或取得权利的禁止规定，尚有探讨空间；若原受托人成为二重信托中的受益人，原受托人是否违反不得以任何名义享有信托利益的禁止规定，亦存解释余地。②

尽管依上述观点所述的契约自由原则，土地经营权信托的委托人似可与受托人约定，允许受托人将土地经营权再信托给他人，但实际上并不可行。其一，土地经营权信托属于集合信托，委托人人数众多。若部分委托人不愿意与受托人约定由受托人将其土地经营权再信托，将不利于对部分农地进行信托管理，进而影响土地经营权信托目的的实现。其二，土地经营权信托的委托人将土地经营权信托给受托人，是基于对受托人的信赖。若受托人将土地经营权再信托给他人，而再信托中的受托人未必具备良好的农地经营管理能力，如此恐对土地经营权信托受益人不利。其三，基于信托财产独立性的法理，再信托的受托人享有自主经营管理农地的权利。原信托的委托人和受益人难以对再信托的受托人行为加以监督。因此，笔

---

① ［日］能见善久著，赵廉慧译：《现代信托法》，中国法制出版社 2011 年版，第 125 页。

② 王志诚：《信托法》，五南图书出版股份有限公司 2011 年版，第 226 页。

者认为，土地经营权信托的受托人不得以土地经营权再设定信托。

二、受托人可否转让土地经营权

就土地经营权本身而言，由于其为一种脱离了身份属性的财产权利，无疑具有可转让性。

然而，在信托关系中，委托人只是在设立信托关系时起到重要的作用，一旦信托关系成立，受托人就成为了关键人物，其必须为受益人的最大利益切实管理和运用信托财产。在以信任关系为基础的信托中，受托人是必须具有一定的资格和足够的能力以取得委托人信赖的人，因此，这就要求受托人有一定的资质和事务处理能力。① 在土地经营权信托中，委托人之所以将土地经营权信托给受托人，是基于对受托人资质和农地经营能力的信任。一方面，若受托人为自然人，其应具有完全民事行为能力；若受托人为法人，其应具有经营农地的资格。② 另一方面，无论受托人为自然人还是法人，均应具有农地经营的能力。若允许受托人转让土地经营权，则意味着将由受让人取得承包地的土地经营权。而此时受让人是否具有农地经营能力，进而是否能获得委托人的信任，均存有疑虑。如果受让人取得土地经营权后，因缺乏农地经营能力而导致土地经营权信托的目的未能顺利实现，将会给受益人的利益带来很大损害。由此可见，为保护受益人的利益，土地经营权信托的受托人不应享有将土地经营权转让给他人的权利。

三、受托人可否以土地经营权设立抵押

基于保障农户利益、维护农业安全等方面的需要，原《担保法》第37

---

① ［日］新井诚著，刘华译：《信托法》(第 4 版)，中国政法大学出版社 2017 年版，第 170 页。

② 我国《信托法》第 24 条将受托人的资格限定为自然人、法人，而未规定非法人组织可担任受托人。但我国《民法典》已确定了非法人组织的民事主体地位，将来应允许非法人组织担任信托关系的受托人。

条第 2 项和原《物权法》第 184 条第 2 项规定禁止以耕地使用权设立抵押，上述法律仅允许以"四荒地"的土地承包经营权作为抵押财产。① 为赋予农民更多财产性权利，深化农村土地制度改革，2015 年全国人大常委会授权国务院在试点地区暂时调整实施《物权法》《担保法》中关于耕地使用权不得抵押的规定，此后，农村承包土地的经营权抵押贷款有序推进，并取得了良好的效果。②

2018 年修改的《农村土地承包法》允许以土地经营权向金融机构融资担保。③ 至于以土地经营权向金融机构融资担保的具体方式，该法没有明文规定，目前在我国学界存在争议。有的学者主张土地经营权只能用以设定抵押，不可用于质押；④ 也有学者认为土地经营权可以质押，土地经营权质押以转移土地经营权证为生效要件；⑤ 还有学者主张依据土地经营权的性质为物权抑或债权来确定土地经营权担保的形式属于抵押还是质押。⑥ 笔者赞同土地经营权向金融机构融资担保的方式为抵押。因为：其一，从对我国《民法典》关于抵押财产和质押财产的范围解释上看，土地经营权融资担保的方式应为抵押。《民法典》第 395 条第 1 款对抵押财产的范围进行了列举式规定。据此，可抵押的财产应符合两个条件：债务人或第三人对其享有处分权；法律、行政法规未禁止其抵押。土地经营权人当然对其土地经营权享有处分权，而现有的法律、行政法规也未禁止土地经营权抵

①　参见原《担保法》第 34 条第 1 款第 5 项、原《物权法》第 180 条第 1 款第 3 项。

②　参见高圣平：《承包土地的经营权抵押规则之构建——兼评重庆城乡统筹综合配套改革试点模式》，载《法商研究》2016 年第 1 期。

③　依该法第 47 条第 1 款的规定，不仅家庭承包中的承包方可以土地经营权向金融机构融资担保，而且受让方经承包方书面同意和向发包方备案，也可以土地经营权向金融机构融资担保。

④　房绍坤、林广会：《解释论视角下的土地经营权融资担保》，载《吉林大学社会科学学报》2020 年第 1 期，第 5 页；高圣平：《民法典视野下农地融资担保规则的解释论》，载《广东社会科学》2020 年第 4 期，第 216 页。

⑤　单平基：《土地经营权融资担保的法实现——以〈农村土地承包法〉为中心》，载《江西社会科学》2020 年 2 期，第 26 页。

⑥　于飞：《从农村土地承包法到民法典物权编："三权分置"法律表达的完善》，载《法学杂志》2020 年第 2 期，第 75 页。

押。《民法典》第 399 条为禁止抵押的财产的规定，该条删除了原《担保法》第 37 条和原《物权法》第 184 条有关耕地使用权不得抵押的规定，这意味着《民法典》对土地经营权抵押持肯定的态度。就质押财产的范围而言，《民法典》第 440 条对可以出质的权利范围进行了明确规定。土地经营权既不属于该条列举的可以出质的权利，也不属于"法律、行政法规规定可以出质"的其他权利，因为现有的法律、行政法规并未规定土地经营权可以出质。其二，从土地经营权的属性来看，土地经营权融资担保的方式以抵押为宜。学理上通说认为，作为质押标的的权利应具备以下条件：①须为财产权；②须具有可让与性；③须与质权性质无违。① 由于以不动产权利设立质押，应以权利让与方式为之，则应办理移转登记方可取得对抗效力，这与质权的限制物权性质不合。② 故而，不动产权利不宜作为质押的标的。土地经营权属于不动产权利，在体系定位上，土地经营权融资担保的方式以抵押为宜。其三，从整体解释上看，土地经营权融资担保的方式宜为抵押。对采取其他方式承包农村土地的承包方，我国《民法典》第 342 条和《农村土地承包法》第 53 条明确规定了其可以土地经营权设立抵押。这一规则可类推适用于采取家庭承包方式的承包方享有的土地经营权和通过流转取得的土地经营权。在实践中，一些农村地区已开展承包方以承包地的土地经营权向金融机构抵押贷款业务。③

既然土地经营权可作为抵押财产，那么，土地经营权信托中的受托人可否以土地经营权设定抵押？若允许受托人以土地经营权设定抵押，则当受托人处理信托事务产生的到期债务不能偿还时，金融机构债权人将以土

---

① 谢在全：《民法物权论》(下册)，中国政法大学出版社 1999 年版，第 802 页。

② 参见江平主编：《中华人民共和国物权法精解》，中国政法大学出版社 2007 年版，第 286 页；郑冠宇：《民法物权》，台北新学林出版社股份有限公司 2014 年版，第 638~639 页；高圣平：《民法典视野下农地融资担保规则的解释论》，载《广东社会科学》2020 年第 4 期，第 217 页。

③ 参见林一民、林巧文、关旭：《我国农地经营权抵押的现实困境与制度创新》，载《改革》2020 年第 1 期，第 129 页；胡小平、毛雨：《为什么土地经营权抵押贷款推进难》，载《财经科学》2021 年第 2 期，第 109 页。

地经营权作为偿债对象。关于抵押权的实现方式，我国《民法典》第410条规定了三种，即协议折价、拍卖、变卖。那么，我国《民法典》规定的这些抵押权实现方式是否可适用于土地经营权抵押权的实现呢？协议折价意味着当承包方或受让方不能向金融机构偿还到期债务时，由承包方或受让方与金融机构协议，将土地经营权转移给金融机构，从而实现金融机构的抵押权。如此，金融机构将成为土地经营权的主体。但是，依据《农村土地承包法》第38条第4项的规定，土地经营权的受让方须有农业经营能力或资质。而金融机构显然不具备农业经营能力，且《商业银行法》等相关法律也不允许商业银行等金融机构取得农业经营资质。因此，土地经营权抵押权的实现不适于采取协议折价的方式。若土地经营权抵押权的实现采取拍卖、变卖的方式，则不可避免地会发生土地经营权由受托人之外的其他人取得且其未能获得委托人的信任，从而最终导致受益人利益受损的情形。

由此可见，为保护受益人的利益，土地经营权信托的受托人不应享有以土地经营权设定抵押的权利。

第二节　土地经营权信托受托人的忠实义务

一、土地经营权信托受托人忠实义务的内涵

由于信托以委托人对受托人的信任为基础，因此，受托人应忠实地处理信托事务，方才不悖于委托人对受托人的信任。在英国，信托法判例和学说少有使用忠实义务一词，但也有学者使用信义义务的概念表述与忠实义务类似的内容。[1] 在美国，1928年Meinland v. Salmon一案的判决中，忠实一词开始用于信托。[2]《美国信托法重述》（第二次）第170条、《美国信托法重述》（第三次）第78条和《美国统一信托法典》第802条均明确了受

---

① See J. E. Penner: The Law of Trusts, Oxford University Press, 2012: 406.
② Meinland v. Salmon, 249 N. Y. 458 (1928).

托人的忠实义务。观诸英美法系的信托法理，所谓忠实义务，是指受托人在管理信托事务中，只能为受益人的利益，而不得兼考虑自己或第三人的利益。①

《日本信托法》2006 年修订前，未在法条上明确规定受托人的忠实义务。在学说上，能见善久教授认为，忠实义务是从信托行为中暗示性地引导出来的义务。他将受托人违反忠实义务分为三种类型：第一，受益人的利益与受托人的利益发生冲突；第二，受益人的利益与第三人的利益发生冲突；第三，受托人受托的多个信托之间的利益发生冲突。② 新井诚教授则认为，忠实义务包含"禁止利益相反行为""禁止取得信托报酬以外的利益"和"忠实地处理信托事务"三个要素。③ 2006 年修订后的《日本信托法》第 30 条明文规定了受托人负有忠实义务。④ 该法条之后还进一步列举了对受托人的利益冲突行为和竞业行为的限制。

在我国台湾地区，"信托法"未对忠实义务设立一般性规定。尽管我国台湾地区"信托法"对受托人的忠实义务没有明文规定，但由于该义务乃信任关系的本质义务，由信赖关系而非由信托行为所产生，故解释上应认为受托人自负有此种义务。⑤ 且学理上认为，受托人的忠实义务包含以下三项原则：其一，受托人不得置身于信托财产利益与受托人个人利益彼此相互冲突的地位；其二，受托人于处理信托事务时，不得自己得利；其三，受托人处理信托事务时，不得使第三人获得不当利益。⑥

我国《信托法》第 25 条第 1 款的规定是否为受托人的忠实义务，学界

---

① See George Gleason Bogert, Handbook of the Law of Trusts, West Publish Co., 1973: 343.

② 赵廉慧：《信托法解释论》，中国法制出版社 2018 年版，第 318 页。

③ [日]新井诚著，刘华译：《信托法》，中国政法大学出版社 2017 年版，第 211 页。

④ 《日本信托法》第 30 条规定："受托人应为受益人之利益，忠实处理信托事务或为其他行为。"

⑤ 杨崇森：《信托法原理与实务》，三民书局股份有限公司 2010 年版，第 174 页。

⑥ 王志诚：《信托法》，五南图书出版股份有限公司 2011 年版，第 231 页。

未达成共识。① 有的学者认为，该条款属于受托人的总义务。② 有的学者主张该法第 25 条和第 26 条共同构成受托人的忠实义务条款。③ 也有学者认为，该法第 25 条第 2 款属于受托人忠实义务条款。④ 还有学者主张将该法第 25 条第 1 款确定为受托人忠实义务的一般条款。⑤

笔者认为，既然忠实义务属于受托人的一项重要义务，我国《信托法》有必要明确将其设定为受托人的法定义务，并对其含义加以规定。首先，从我国《信托法》第 25 条第 2 款的规定来看，不应将其解释为受托人的忠实义务条款。该条款要求受托人履行"诚实、信用"的义务，但忠实义务与诚实信用义务存在重大区别。⑥ 不能将该条款的规定认定为受托人的忠实义务条款。其次，我国《信托法》第 26 条确立了受托人不得利用信托财产为自己谋利的原则，这是从消极层面对受托人忠实义务所作的规定。再者，我国《信托法》第 26 条至第 28 条禁止的利益冲突行为并不全面。例如，对受托人利用担任信托受托人的机会谋取利益的行为、受托人从事与管理的信托事务相竞争的行为(竞业行为)等，我国《信托法》均未纳入限定范围。最后，从美国、日本等国家的立法看，均对信托受托人忠实义务的内涵有明确规定，可资借鉴。

基于以上分析，可将我国《信托法》第 25 条第 1 款的规定作为受托人忠实义务的一般条款，并将其修改为："受托人应当履行忠实义务，为受益人的最大利益处理信托事务。"对信托受托人的忠实义务进行如此抽象表述，具有较强的涵盖性，可应对实践中各种不同形态的违反忠实义务的情

---

① 我国《信托法》第 25 条第 1 款规定："受托人应当遵守信托文件的规定，为受益人的最大利益处理信托事务。"

② 谭振亭：《信托法》，中国政法大学出版社 2010 年版，第 123 页。

③ 刘正峰：《信托制度基础之比较与受托人义务立法》，载《比较法研究》2004 年第 3 期，第 20 页。

④ 余卫明：《信托受托人研究》，法律出版社 2007 年版，第 177 页。

⑤ 姜雪莲：《论信托受托人的忠实义务》，载《中外法学》2016 年第 1 期，第 194 页。

⑥ 参见赵廉慧：《信托法解释论》，中国法制出版社 2018 年版，第 310 页。

形，以免出现遗漏的现象。

就土地经营权信托而言，鉴于我国《信托法》尚未明文规定受托人的忠实义务，在土地经营权信托合同中，有必要明确受托人应履行忠实义务。同时，还应要求受托人为受益人的最大利益管理农地。

二、土地经营权信托受托人忠实义务的类型

(一)受托人利益冲突行为的限制

受托人忠实义务的主要内容是规范受托人从事利益冲突的行为。我国《信托法》第28条规定了受托人进行利益冲突行为的具体表现，即受托人固有财产与信托财产之间进行交易；受托人管理的不同委托人的信托财产相互交易。在土地经营权信托中，如何规制受托人的利益冲突行为呢？

其一，关于受托人固有财产与信托财产之间进行交易。我国《信托法》之所以对受托人以固有财产购买信托财产，或以信托财产购买固有财产加以限制，是因为在此情形下，受托人既为买方又为卖方，其受托人职责必然与个人利益发生冲突，即受托人很可能为个人利益而牺牲受益人的利益。[1] 在土地经营权信托设立时，信托财产表现为土地经营权，而在土地经营权信托存续期间，信托财产不仅包括土地经营权，而且包括受托人管理农地获得的利益。因此，在土地经营权信托中，难免出现受托人固有财产与信托财产之间进行交易的情形。若土地经营权的受托人以低价购买农产品，或以高价出售固有财产，都可能损害受益人的利益。因此，有必要对土地经营权信托受托人以固有财产与信托财产之间交易加以限制。

其二，关于受托人管理的不同委托人的信托财产相互交易。由于在此种交易中，受托人可能难以处于不同委托人之间的中立地位，从而出现损害某一受益人利益的现象，因此，原则上应对该交易行为加以禁止。[2] 然

---

[1]　何宝玉：《信托法原理研究》，中国法制出版社2015年版，第297页。

[2]　周小明：《信托制度：法理与实务》，中国法制出版社2012年版，第278页。

而，在土地经营权信托中，受托人应将不同委托人的土地经营权集中管理，则不会发生不同委托人的信托财产相互交易的问题。

依我国《信托法》第 28 条的规定，在符合条件的情形下，方才允许受托人以固有财产与信托财产进行交易。① 在土地经营权信托中，若信托合同规定受托人可以固有财产与信托财产之间进行交易，且受托人以公平的市场价格购买农产品或出售固有财产，则应当予以允许。然而，若土地经营权信托合同没有明确规定允许受托人以固有财产与信托财产进行交易，受托人如何征得委托人同意或受益人同意？由于土地经营权信托属于集合信托，其委托人（受益人）人数众多，要求受托人征得全体委托人（受益人）的同意难于实现，鉴于此，可由受益人大会所持表决权人数 2/3 以上通过即可。此外，若发生紧迫情形，例如，如果农地生产的产品为易腐烂变质的水果，急需出卖，但一时没有合适的购买者，而土地经营权信托合同对受托人的自我交易没有规定，委托人（受益人）又人数众多，难以达成一致意见，应如何处理？受托人购买农产品对受益人有利，应允许受托人购买为宜。对此，2006 年《日本信托法》第 31 条第 2 款的规定可资借鉴，若受托人的行为为实现信托目的合理且必要，并明显无损受益人的利益，则受托人可自我交易。

（二）竞业行为的限制

受托人可否从事与信托相竞争的业务，我国《信托法》未作规定。在英美法系信托法中，规定对受托人竞业行为加以限制。根据英国判例法，受托人不得为个人利益经营与信托相同的业务，与信托开展竞争。② 例如，早在 1724 年的 Keech v. Sandford 一案中，判决指出：若受托人要求续签租约遭到拒绝后可以为自己签订租约，恐怕就没有多少租约会续签给信托

---

① 这些条件包括：其一，信托文件另有规定，或委托人同意，或受益人同意；其二，以公平的市场价格进行交易。

② ［英］理查德·爱德华兹、奈杰尔·斯托克威尔：《信托法与衡平法》，法律出版社 2003 年版，第 321~322 页。

了。因此，判决受托人将租约以及由此获得的利润交给受益人。① 1930年的 Re Thomos 案中，受托人负有经营游艇中介业务的职责，然而其准备在同一个城镇开始自己经营游艇中介业务，法院判决该受托人不得从事与信托业务相竞争的业务。②《美国信托法重述》(第三次)第78条第1款规定了"受托人负有只为受益人的利益"管理信托的义务，此为受托人忠实义务的一般条款，该条第2款还进一步禁止受托人从事"自我交易行为""与受益人利益产生冲突的交易"。虽然《美国信托法重述》(第三次)没有明确列举受托人的竞业行为，但从第78条第2款禁止受托人从事与受益人利益相冲突的交易以及该条第1款关于受托人忠实义务的一般规定来看，受托人的竞业行为也受到规制。

2006年修订后的《日本信托法》第32条第1款增设了受托人竞业行为原则禁止的规定。③ 其原因在于受托人在处理信托事务之际，必须完全为了受益人的利益行动，不允许考虑固有财产或其他信托财产的利益而行使被赋予的权限，从而损害受益人利益。④ 不过，完全禁止受托人以固有财产来进行基于受托人权限可进行的交易，也会不当地剥夺受托人以固有财产进行交易的机会。因此，该法第32条第2款中列举了受托人竞业行为的例外允许情形。这包括以下两点：(1)信托行为中存在允许的内容规定；(2)基于受托人的固有财产或利害关系人的考虑来进行的竞业行为，向受益人进行了公示并征得了受益人的同意。

---

① 案情如下：委托人甲承租了一处市场，并将该市场遗赠给乙设立一项信托，受益人为甲的未成年子女丙。市场租期即将届满，乙代表信托申请为了丙的利益续签租约，但出租人拒绝续签。乙转而申请将该市场出租给自己，出租人同意并签订了租约。参见何宝玉：《信托法原理与判例》，中国法制出版社2013年版，第188页。

② [英]理查德·爱德华兹、奈杰尔·斯托克威尔：《信托法与衡平法》，法律出版社2003年版，第322页。

③ 《日本信托法》第32条第1款规定："基于作为受托人拥有的权限、可作为信托事务处理的行为却不进行该行为，因此而违反受益人利益的，受托人也不得基于固有财产或者利害关系人的利益考虑而实施该行为。"

④ [日]新井诚著，刘华译：《信托法》，中国政法大学出版社2017年版，第225~226页。

就土地经营权信托而言，有可能出现受托人从事与信托相竞争的业务的行为。例如，土地经营权信托的受托人自己经营农地生产的农产品与信托农地生产的农产品相同，受托人优先将自己的农产品进行出售，致使信托农地生产的农产品滞销，从而使受益人的利益受到损害。因此，有必要对受托人的竞业行为加以规制。比较上述国家对受托人竞业行为进行限制的态度可知，《日本信托法》的有关规定既从原则上禁止受托人的竞业行为，以保护受益人的利益，又例外允许受托人的竞业行为，兼顾受托人的利益，这种做法值得借鉴。不过，土地经营权信托的受益人人数众多，在允许受益人同意受托人竞业行为的情形下，不宜要求全体受益人同意，可由受益人大会所持表决权人数 2/3 以上通过即可。

（三）利用信托机会的限制

信托机会是受托人在管理信托财产过程中获取的有关机会。在英国，判例法上对受托人利用信托机会的行为加以规制。例如，1967 年 Boardman v. Phipps 一案中，受托人管理的信托财产包括某纺织公司 27% 的股份，为保护受益人的利益，需要继续购买并持有该公司的多数股份。受托人参加了该公司的股东大会，并获悉投资该公司可以将其盘活。于是，受托人决定自己购买该公司的股份，从而获利。判决认为，受托人利用信托财产投机，违反了忠实义务。①《美国统一信托法典》则明确将利用信托机会规定为违反忠实义务的情形之一。该法第 802 条（e）款规定，"受托人以个人身份实施的、与信托财产无关的交易，而该交易涉及属于信托的机会的"，该交易为利益冲突交易。大陆法系国家和地区的信托法则未对受托人利用信托机会进行明确规制。

我国《信托法》对受托人利用信托机会未作明文规定，学界关于利用信托机会的研究极少。有学者指出了我国《信托法》第 26 条至第 28 条所禁止

---

① 参见赵廉慧：《信托法解释论》，中国法制出版社 2015 年版，第 314~315 页。

的利益冲突行为不完全，其中，没有包括受托人利用其地位和机会谋利的情形。① 另有学者主张参考公司法中禁止董事篡夺公司机会的规则，将利用信托机会与竞业限制行为相区分。② 笔者赞同将利用信托机会列为受托人违反忠实义务的类型之一。受托人利用信托机会的行为可能与竞业限制行为相重叠，但二者也可能不相重叠，受托人仅利用信托机会而未与信托相竞争。

在土地经营权信托中，受托人可能利用信托机会为自己谋取利益。例如，受托人在为信托农地采购某稀有农作物种子时，自己先行购买并从事经营行为，从而使自己获得利益。为保护受益人的权益，应对受托人利用信托机会为自己谋取利益的行为进行规制。具体而言，可借鉴我国《公司法》第 149 条的规定，明确受托人不得未经受益人大会同意，利用职务便利为自己或他人谋取属于信托的商业机会。至于受益人大会同意的规则，可由代表 2/3 以上表决权的受益人通过。

三、土地经营权信托受托人违反忠实义务的利益归属

土地经营权信托受托人为受益人的利益经营管理农地，除了通过信托合同的约定获得信托报酬之外，不得利用信托财产为自己谋取利益。我国《信托法》第 26 条第 2 款规定，受托人利用信托财产为自己谋取利益的，该利益应归入信托财产。有学者认为，在解释上，应将该条款规定的归入权作为受托人违反忠实义务的一般救济，即不仅适用于受托人利用信托财产为自己谋取利益的情形，而且适用于受托人将固有财产与信托财产进行交易等其他情形。③ 笔者赞同此种观点，因为无论是受托人从事利益冲突交易行为、竞业限制行为，还是利用信托机会谋取利益，都会损害受益人的利益，将受托人由此获得的利益归属于信托财产，是最有利于受益人救

---

① 参见赵廉慧：《信托法解释论》，中国法制出版社 2015 年版，第 311 页。

② 姜雪莲：《论信托受托人的忠实义务》，载《中外法学》2016 年第 1 期，第 195 页。

③ 赵廉慧：《信托法解释论》，中国法制出版社 2015 年版，第 324 页。

济的方式。从其他国家和地区的信托立法例看，也存在类似的规定。例如，2006年《日本信托法》第32条第4款规定，受托人违反竞业行为限制的规定时，"受益人得将该行为视为系信托财产所为"。我国台湾地区"信托法"第35条第3款规定，受托人将信托财产转为自有财产或于该信托财产上设定该权利或取得权利，委托人、受益人或其他受托人得请求其将所得利益归于信托财产。

问题在于，我国《信托法》第26条第2款并未规定谁主张行使归入权、权利人通过什么方式行使该权利。就土地经营权信托而言，由于委托人同为受益人，由委托人或受益人向受托人行使归入权均可。若土地经营权信托的受托人为两个以上主体，其中一个受托人违反忠实义务而获取利益的，应允许其他受托人行使归入权。从性质上看，归入权应属于形成权。委托人、受益人或其他受托人主张行使归入权，应受除斥期间限制。对此，2006年《日本信托法》第32条第5款规定归入权"自行为发生时起，经过一年而消灭"，我国台湾地区"信托法"第35条第4款则规定归入权"自委托人或受益人知悉之日起，2年间不行使而消灭。自事实发生时期逾5年者，亦同"。相较而言，《日本信托法》的上述规定对归入权行使的时间要求较短，不利于委托人、受益人或其他受托人及时行使权利，保护受益人的利益。因此，可以考虑借鉴我国台湾地区"信托法"的规定，将归入权行使的期间限定为权利人知悉之日起2年，自受托人违反忠实义务之日起5年。

第三节　土地经营权信托受托人的集中管理义务

一、集中管理是受托人分别管理义务的例外

(一)受托人分别管理义务的内涵

依我国《信托法》第29条的规定，受托人必须将信托财产与其固有财

产以及不同委托人的信托财产"分别管理、分别记账"。但何谓"分别管理、分别记账",该法却没有明文规定。不过,根据《信托公司集合资金信托计划管理办法》第18条关于"信托计划成立后,信托公司应当将信托计划财产存入信托财产专户"的规定可知,对集合资金信托而言,设立信托财产专户即为受托人将其固有财产与信托财产分别管理的方法。至于单一资金信托和以资金以外的其他财产设立的信托,受托人如何分别管理信托财产,在我国信托立法上无明确规定。

考察两大法系的信托法,关于受托人分别管理义务的内涵存在差异。在英国,受托人的分别管理义务意味着受托人应将信托财产与其固有财产以及其他信托的财产相分离和为必要标示,除非其获得授权,才可将信托财产与其他信托的财产相混合而置于一个独立的资产集合中。[1] 在美国,《统一信托法典》第810条第(b)、(c)款规定:"受托人应将信托财产与固有财产,分别管理。""除非依(d)款另有规定,受托人应标示信托财产,使信托利益在可行的范围内呈现于受托人或受益人之外的第三人所持有的记录上。"《信托法重述》(第三次)第84条更明确规定:"受托人负有指定或标示信托财产的义务,并应使信托财产与自己的固有财产分离且在可行的范围内,对该信托财产与其他信托的信托财产加以分离。"可见,英美法系信托法上受托人的分别管理义务,包含将信托财产与受托人的固有财产以及其他信托的财产相分离、将信托财产为标示两个方面的内容。而在2006年《日本信托法》中,依第34条第1项前段规定,受托人的分别管理义务是指:"信托财产与固有财产及与其他信托的信托财产之间,应依财产之区分而分别管理。"至于受托人如何分别管理信托财产,该条还进一步作了如下列举式的规定:(1)对应为信托登记或登录的财产,分别管理的方法为该信托的登记或登录。(2)对不能为信托登记或登录的财产,若其为动产(金钱除外),应以外观上可区别为属于信托财产的财产、固有财产以及

---

① David Hayton、Charles Mitchell: Commentary and Cases on The Law of Trusts and Equitable Remedies, Sweet & Maxwell, 2005: 159.

其他信托的信托财产之方法为分别管理的方法；若其为金钱或上述所列动产以外的财产，以促使其计算更加明确清楚的方法为分别管理的方法。(3)对法务省令规定的财产，以法务省令规定的方法为分别管理的方法。①我国台湾地区"信托法"在第 24 条第 1 项则对受托人分别管理义务的内涵作了规定，即"受托人应将信托财产与其自有财产及其他信托财产分别管理。信托财产为金钱者，得以分别记账方式为之"。可见，该法仅对金钱信托设定了分别管理的方法，而对其他财产设立的信托，受托人如何分别管理信托财产，并无明文规定。

相较而言，英美法系信托法上将受托人分别管理义务的内涵确定为将信托财产与受托人的固有财产以及其他信托的财产为分离和将信托财产为标示两个方面的内容，有利于确保信托财产独立性这一受托人分别管理义务之立法意旨的彻底实现，值得肯定。但其未对受托人如何"分离"和"标示"信托财产作详细规定，而仅用"必要"或"可行的范围内"加以概括，则不利于客观地判断受托人是否善尽分别管理义务。2006 年修订前的《日本信托法》与我国台湾地区"信托法"关于受托人分别管理信托财产方法的规定相似，除以分别记账的方式标示作为信托财产的金钱外，对其他信托财产分别管理的方法未设具体规定。在学界，有学者主张如信托财产属于非代替物时，因在交易上系注重其物之个性，无法以同种类、同品质、同数量之他物相代替，自不需有特别的分别管理方法，而如信托财产属于代替物时，因在交易上仅着眼于该物所属的种类，得以同种类、同品质、同数量之他物相代替，故必须与其他财产为物理分离而保管之，或于信托财产上打刻其为信托财产之标记。② 也有学者认为分别管理义务并非信托制度本质上的要求，只不过为期能达到保护受益人利益的目的，始特别予以例示，因此，在判断受托人是否善尽分别管理义务时，应依信托目的及当时

---

① 日本三菱日联信托银行：《日本信托法制与实务》，台湾金融研训院 2009 年版，第 91 页。

② 刘春堂：《论信托财产之分别管理》，载《辅仁法学》1998 年第 1 期，第 35 页。

社会的一般观念，加以综合判断。① 但2006年《日本信托法》则如上所述区分不同的信托财产，明确规定受托人分别管理的不同方法，显然有利于受托人善尽分别管理的义务，以杜疑义。

综上所述，笔者认为，我国《信托法》可参酌英美法系信托法上关于受托人分别管理义务的内涵，将其界定为受托人应将信托财产与其固有财产以及不同信托的财产相分离和将信托财产为标示，同时采鉴2006年《日本信托法》有关受托人分别管理信托财产方法的规定，根据信托财产的不同类型，分别规定受托人分别管理信托财产的方法。

(二)信托受托人的分别管理义务与信托公示的关系

所谓信托公示，是将某项财产已设立信托的事实公之于众。② 我国《信托法》第10条即为对信托公示所作的规定。③ 尽管该规定与2006年《日本信托法》第14条有关信托公示的规定内容上有所不同④，但这些信托法具有的一个共同特点在于在受托人的分别管理义务之外再设计一套信托公示制度，换言之，将受托人的分别管理义务与信托公示予以分别立法。考其立法意旨，不外乎为确保信托财产的独立性，信托法设有诸多强行规定，例如信托财产不属于受托人的破产财产、对信托财产不得强制执行等，这些规定均关系到交易上第三人的利害，因此，为保护交易安全与第三人的利益，设计了一套信托公示制度。⑤

不过，在英美法系信托法上，却未如同大陆法系信托法在受托人的分

---

① 赖源河、王志诚：《现代信托法》(增订三版)，五南图书出版股份有限公司2003年版，第106页。

② 王志诚：《信托法》，五南图书出版股份有限公司2011年版，第120页。

③ 该条规定："设立信托，对于信托财产，有关法律、行政法规规定应当办理登记手续的，应当依法办理信托登记。未依照前款规定办理信托登记的，应当补办登记手续；不补办的，该信托不产生效力。"

④ 例如，2006年《日本信托法》第14条规定："以不登记或不登录就无法以权利的得失或变更对抗第三人的财产设立信托的，不为信托登记或登录，不得以该财产为信托财产对抗第三人。"

⑤ 王志诚：《信托法》，五南图书出版股份有限公司2011年版，第119页。

别管理义务之外,另行设计一套信托公示制度。受托人分别管理义务的规范,使受托人可以清楚地向第三人揭示其财产管理人(即受托人)的地位,且第三人仅可以所指定或标示的信托财产之外的财产作为受托人个人债权的担保。① 如受托人违反将信托财产分别管理的规定,信托法将课以相应处罚。② 因此,一般受托人多会遵守这些规定。受托人如切实遵守,对潜在的债权人而言,受托人所持有的财产哪些是信托财产,哪些是可以满足其债权的责任财产,债权人自得以区辨,而仅就受托人的固有财产来评估交易所生信用风险。③ 此外,现代市场中商事信托的普遍性已逐渐超越传统信托,而商事信托多以金融机构(如银行或信托公司)担任受托人。这些受托人不但财务状况佳而不易破产,而且金融主管机关对其有严格的监管机制,包括信托账户与账册的分别管理,因此,与其交易的债权人多可轻易核查其财产状况。④

笔者认为,受托人的分别管理义务具有信托公示的功能,信托法在此义务之外另行设计信托公示制度显得多余。因为从受托人分别管理义务的内涵而言,英美法系信托法将其确定为将信托财产为分离和将信托财产为标示两方面的内容,而"将信托财产为标示"实质上是对信托财产予以公示。诚如有的学者所言,"英美法上虽未明确强调信托财产的公示,似有透过分别管理义务的落实,而实现信托财产公示的目的"⑤。在《日本信托法》中,虽然课以受托人分别管理的义务,但此义务的践履却需借助于另行设计的信托公示制度,如《日本信托法》第 34 条所称"应为信托登记或登录的财产"包括哪些财产,则应依据该法第 14 条有关信托登记或登录的规定加以确认。而这种信托公示制度本身却仅对少数信托财产(如不动产、

---

① Henry Hansmann、Ugo Mattei: The Functions of Trust Law: A Comparative Legal and Economic Analysis, N. Y. U. L. Rev. 1998, (73): 459.

② David Hayton、Charles Mitchell: Commentary and Cases on The Law of Trusts and Equitable Remedies, Sweet & Maxwell, 2005: 705.

③ 王文宇:《信托法原理与商业信托法制》,载《台大法学论丛》2000 年第 1 期。

④ George T. Bogert: Trusts, West Publishing Co., 6thedition, 1987: 493.

⑤ 唐义虎:《信托财产权利研究》,中国政法大学出版社 2005 年版,第 72 页。

船舶、航空器等)的公示及其对抗效力作了规定，并不包括所有的信托财产。因此，对未定公示方法的信托财产，其有无独立性、可否产生对抗第三人的效力，在学界和司法实务中争议较大。① 而此种争议产生的根本原因，便在于这些信托法将受托人的分别管理义务与信托公示分别予以立法。难怪有学者不无疑惑地指出，如何将分别管理与信托公示加以有效地结合，为必须考量之课题。② 若从受托人分别管理义务包括对信托财产为分离和标示的内涵出发，对信托财产的标示作具体规定(实际上《日本信托法》第34条已有此种规定)，则既可避免另行设计信托公示制度所带来的争议与疑惑，又可以节约立法成本。

总之，受托人的分别管理义务能够实现信托公示的目的，信托法在受托人的分别管理义务之外，不必要另行规定信托公示制度。我国《信托法》未来修改时，可考虑删除第10条关于信托公示的规定，而完备第29条有关受托人分别管理义务的规范。

(三)受托人分别管理义务的例外

信托受托人的分别管理义务可否以信托文件加以排除，这涉及此义务属于强行性规定抑或任意性规定的问题。从我国《信托法》第29条的规定来看，受托人的分别管理义务不得以信托文件排除适用，应为强行性规定。但根据《信托公司集合资金信托计划管理办法》第2条关于"由信托公司担任受托人，按照委托人意愿，为受益人的利益，将两个以上(含两个)委托人交付的资金进行集中管理、运用或处分"和第3条关于"信托计划财产独立于信托公司的固有财产，信托公司不得将信托计划财产归入其固有财产"的规定，在集合资金信托情形下，受托人的分别管理义务能否以信托文件排除适用不能一概而论。即对信托公司的固有财产与信托计划财产分别管理而言，受托人的分别管理义务为强行性规定，不得以信托文件加

---

① 杨崇森：《信托法原理与实务》，三民书局股份有限公司2010年版，第148页。

② 刘春堂：《论信托财产之分别管理》，载《辅仁法学》1998年第1期，第40页。

以排除；而对信托公司管理不同委托人的财产而言，受托人的分别管理义务为任意性规定，可以信托文件排除适用。

在两大法系信托法上，对受托人分别管理义务的排除存在不同的态度。在英国，信托财产必须与受托人的固有财产相分离，但受托人在获得特别授权的情形下，可将信托财产与其他信托的财产相混合而置于一个独立的资产集合中。① 可见，《英国信托法》上仅信托财产与其他信托的财产分别管理的义务可以排除适用。在美国，《统一信托法典》第810条关于受托人分别管理义务的规定属于该法第八章"受托人的义务与权力"的规范，而该法第八章一开始即指出"本章规定除非是关于受托人应向受益人报告其管理状况的义务，以及受托人应依信托宗旨和为所有受益人利益而诚信行事的基本义务外，均可因当事人信托条款另有约定而被排除"。但受托人的分别管理义务是否属于上述"依信托宗旨和为所有受益人利益而诚信行事的基本义务"，进而可依信托文件予以排除，在学界和司法实务中存有争议。② 不过，该法第810条(d)款规定："若受托人的记录明确指出个别受益人的利益，受托人可将两项或两项以上的信托财产作为一个财产整体进行投资。"由于财产组合投资比单一财产的投资更为经济和减少风险，因此，即使此种行为违背传统的信托财产分别标示规则，也为法律所允许。而《美国信托法重述》（第三次）第84条的注释则指出："信托条款可允许信托财产与受托人的固有财产相混合。""同样地，信托条款可授权以受托人名义控制信托财产而不指出特定的信托，或者甚至根本不表明该财产属于信托财产。""惯例或信托的特性也认定一项信托财产与另一项信托财产相混合是恰当的。"据此，受托人的分别管理义务应属于任意性规定，可以信托文件甚至惯例加以排除。

在2006年修订前的《日本信托法》和我国台湾地区"信托法"中，受托人分别管理不同信托财产的义务为任意性规定，而分别管理信托财产与固

---

① David Hayton：The Law of Trusts，Sweet & Maxwell，4th edition，2003：141.

② Melanie B. Leslie：Trusting Trustees：Fiduciary Duties and The Limits of Default Rules，Geo. L. J. 2005(94)：67.

有财产的义务则为强行性规定。例如，我国台湾地区"信托法"第 24 条第 2 项规定："前项不同信托之信托财产间，信托行为订定得不必分别管理者，从其规定。"即明定受托人同时或先后接受两个以上信托时，关于信托财产间的管理，可由信托当事人以信托行为约定排除受托人的分别管理义务。但依 2006 年修订后的《日本信托法》第 34 条第 1 项后段关于"但是，信托行为中有特别订定的，则承认之"的规定，该法已将受托人的分别管理义务修改为任意性规定，无论受托人分别管理信托财产与其固有财产的义务还是分别管理不同信托的信托财产义务，均可以信托行为加以排除。

笔者认为，对受托人分别管理义务能否以信托文件予以排除，应区分以下两种情形分别对待：对受托人将信托财产与其固有财产分别管理而言，应为强行性规定，不得排除适用；对受托人将不同信托的信托财产分别管理而言，应属任意性规定，可以排除适用。其理由如下。

首先，从信托制度的特质而论。信托制度的特质在于就信托财产，受托人享有"形式上之所有权"，而受益人享有"实质上之所有权"。然信托财产一旦消失，"实质上之所有权"即形消灭，受益人将不再享有信托法之特别保障。信托财产消失固有可能出于物理原因，但最大可能是受托人出于故意或疏忽未能保持信托财产与固有财产的分离独立，致无人能辨识何者为信托财产。① 因此，信托法对受托人将信托财产与固有财产分别管理应作最为严格的要求，不允许当事人以信托文件排除适用。而允许当事人约定对不同信托的财产混合运用，如将不同信托的资金进行集合投资，只要在信托账簿上载明每一受益人享有的份额即可，不会影响信托制度的特质。相反，此时有利于实现受益人利益的最大化，显现信托制度的弹性与效率。

其次，从受托人分别管理义务规范目的角度观之。法律规范强行性与任意性的界定，必须考量规范的目的，即该规范背后所隐藏欲保护的利益

---

① 方嘉麟：《信托法之理论与实务》，中国政法大学出版社 2004 年版，第 188～189 页。

性质，加以区分。倘若规范背后仅涉及当事人利益，自可由当事人加以取舍处分，反之，若尚涉及当事人利益以外之公益或第三人利益，则不能由当事人以约定排除规范之适用。① 如前所述，受托人分别管理义务具有信托公示的功能，而为此公示之目的在于保护交易安全和第三人利益。若允许当事人以信托文件排除信托财产与受托人固有财产分别管理的义务，将使与受托人进行交易的第三人无法判断何者为信托财产，恐对第三人产生不利。因此，信托财产与受托人固有财产分别管理的义务应界定为强行性规范。而信托财产相互之间分别管理的义务，不涉及公益或第三人利益，基于私法自治原则，如当事人另有约定不必为分别管理，应尊重其意思。

最后，从法律政策层面考量。在信托关系中，受托人对受益人负有忠实义务是达成信托目的的关键所在。由于受托人对信托财产有管理处分的权限，如不针对受托人处理信托事务时自己或第三人与受益人有利益冲突的情形加以规范，将有害于受益人的权益，并违背信托的宗旨。因此，在受托人的义务群中，信托法最强调忠实义务，要求受托人处理信托事务时须以受益人的利益为唯一的考量。② 不过，受托人于信托关系中，对信托财产的控制及对信托事务的熟悉均远胜于受益人。故而受托人利用此种不对等的地位，将信托财产与固有财产相混淆的诱因极大，为防免受托人因此违反忠实义务，实有必要将信托财产与受托人固有财产分别管理的义务确定为强行性规定，不允许当事人以信托文件排除。而受托人将不同信托的财产相混淆的诱因，远低于将信托财产与固有财产相混淆之诱因，所以对不同信托的财产分别管理的义务，在法律政策评价上，宜和信托财产与受托人固有财产分别管理的义务有所不同，可允许当事人以信托文件加以排除。

---

① 王泽鉴：《民法总则》（增订版），中国政法大学出版社 2001 年版，第 235～237页。

② Tamar Frankel：Fiduciary Duties as Default Rules, Or. L. Rev. 1995（74）：1215～1231.

二、土地经营权信托受托人对农地的集中管理

在土地经营权信托中，受托人对农地的集中管理义务意味着受托人应将不同委托人经营的农地集中起来，按照一定的管理方法进行经营和管理。之所以要求土地经营权信托的受托人履行集中管理义务，是因为：其一，有利于实现农地规模化、产业化经营。在实践中，农地小规模、分散经营的弊端已经显现，不利于提高土地的生产效率和发展现代农业。受托人将不同委托人经营的农地适度集中，有利于实现农地的规模化、产业化经营，进而促进土地生产效率的提高。其二，有利于保障承包方、受让方的权益。承包方、受让方将土地经营权信托给受托人，是基于对受托人经营管理能力的信任。受托人将不同的信托财产进行适度集中，有利于充分发挥受托人经营管理能力，进而保障承包方、受让方的权益。

至于受托人集中管理的方法，若土地经营权信托合同有约定，按照其约定的方法进行经营管理；若土地经营权信托合同没有约定，则由受托人按照信托目的在农地上进行耕作或从事其他农业活动。

第四节　土地经营权信托受托人的亲自管理义务

一、信托受托人亲自管理义务的内涵

信托受托人的亲自管理义务，又称"直接管理义务"，是指受托人原则上应自己履行管理信托财产的义务，不得由他人代为处理。之所以受托人履行亲自管理义务，是因为信托以委托人对受托人的信赖为基础。若受托人不自己管理信托事务，而转托他人来完成，则有违委托人的信赖。另外，受托人转托之人未必具有处理信托事务的能力，由其处理信托事务恐不利于信托目的的实现。我国《信托法》第30条对受托人的亲自管理义务作了明确规定，只有在以下两种情形下方可由他人代理：一是信托文件另

有约定；二是存在不得已的事由。

在其他国家和地区的信托法中，关于受托人亲自管理义务内涵的规定有所差异。1959年《美国信托法重述》（第二次）明确禁止受托人将信托事务委托给他人处理。① 不过，1964年美国统一州法委员会制定的《统一受托人权限法》（The Uniform Trustees' Powers Act）对受托人亲自管理义务的态度有所改变。该法允许信托受托人利用代理人协助从事信托事务。② 可见，该法虽然对传统上禁止受托人将信托事务委托他人处理的规则加以调整，但受托人仍不能将全部信托事务交由代理人完成。1992年《美国信托法重述》（第三次）进一步确认受托人可将信托事务委托他人处理。③《美国统一信托法典》第807条也规定受托人尽到合理的注意，可以将其义务和权限转托于他人。④ 不过，应注意的是，该法第806条规定，若受托人具有特殊的技能或专门知识，则不得将信托事务转托第三人处理。⑤

2006年修订前的《日本信托法》第26条第1款原则上禁止受托人将信托事务委托给他人，只有在信托行为另有规定或有不得已的事由情况下，

---

① 《美国信托法重述》（第二次）第171条规定："受托人对受益人负有不得委托他人代为采取某些行动的义务，这些行为理应要求受托人亲自为之。"

② 《美国统一受托人权限法》第3条（c）款规定："受托人可雇佣个人，包括律师、审计师、投资顾问或其他代理人，甚至不要求他们与受托人不存在关联。受托人执行信托事务时，可委托他们以取得建议或协助，并基于其建议而执行信托事务，免再为独立调查。"

③ 《美国信托法重述》（第三次）第171条规定："受托人除委任审慎之人代为执行信托事务外，负有自己执行信托事务的义务。关于受托人可否将处理信托事务的权限委托他人、应委托何人、以何方式委托及如何监督代为处理信托事务之人的判断，受托人对受益人负有审慎之人在相同情况下也会依其裁量而采取相同行动的行为义务。"

④ 《美国统一信托法典》第807条（a）款规定："在一个具有相应技能的谨慎受托人能够适当地转托之情形，受托人可以将其义务与权利转托于他人。"

⑤ 《美国统一信托法典》第806条规定："具有特殊的技能或专门知识的受托人，或者因声称具有特殊技能或专门知识而被信赖并指定为受托人之人，有义务运用该特殊技能或专门知识。"

受托人方可委托他人代为处理信托事务。而 2006 年修订后的《日本信托法》则转变为原则上允许受托人将信托事务交由他人处理。①《日本信托法》对受托人委托他人处理信托事务的态度由原则禁止转向原则允许，其理由在于"与信托法制定时相比，在社会分工和专业化加剧的现代社会，以受托人处理全部信托事务作为前提是不现实的，期望设置将一部分信托事务的处理委托给他人为常态的情况作为前提的规定"②。

在我国台湾地区，"信托法"第 25 条规定了受托人原则上应自己处理信托事务，除非信托行为另有订定或有不得已的事由，才能由第三人代为处理。这主要是参考日本旧信托法第 26 条第 1 款、《美国信托法重述》(第二次)第 171 条的规定而制定。③

二、土地经营权信托受托人亲自管理义务的履行

依我国《信托法》第 30 条的规定，土地经营权信托受托人应自己经营管理受托的农地。若土地经营权信托的受托人为农业公司、农业合作社等主体，其具有从事农业经营的能力，无疑可亲自管理受托农地。然而，若土地经营权信托的受托人为信托公司(目前实践中土地经营权信托受托人一般为信托公司)，而信托公司显然不具有从事农业经营的能力，其如何履行亲自管理义务？

笔者认为，由于现代农业经营活动具有较强的专业性，而受托人(特别是信托公司)不能处理全部信托事务的现象不可避免会发生，因此，应

---

①　该法第 28 条规定，受托人委托第三人处理信托事务有以下三种情形：其一，信托行为规定受托人可将信托事务委托第三人处理；其二，虽然信托行为没有规定受托人可将信托事务委托第三人处理，但依信托目的，委托第三人处理信托事务应属适当；其三，虽然信托行为没有规定受托人可将信托事务委托第三人处理，但依信托目的，不得不委托第三人处理信托事务。

②　[日]新井诚著，刘华译：《信托法》，中国政法大学出版社 2017 年版，第 243 页。

③　王志诚：《论受托人的自己管理义务》，载《政大法学评论》2011 年总第 123 期，第 323 页。

允许受托人将部分信托事务交由他人代理完成。在我国农地信托实践中，受托人将农地委托给他人经营的情形较为普遍。例如，在安徽省宿州市，中信信托有限责任公司受托经营当地 5400 亩农地之后，委托给帝元现代农业公司进行经营。后者将这些农地用于建设现代农业循环经济产业示范园。① 在福建省沙县，农地信托公司将受托经营的农地委托或租赁给具有经营能力的种植养殖大户、农业合作社、农业公司等农业经营主体经营。② 需要注意的是，土地经营权信托的受托人不能将全部信托事务交由他人代理完成。因为：其一，若全部信托事务均由他人代为完成，而受托人不从事任何信托事务，则在此情形下受托人的地位更类似于中介机构；其二，承包方、受让方将土地经营权信托给信托人，是基于对受托人能力和品质的信赖，若受托人完全不从事信托事务的管理，将全部信托事务转托给他人，将有悖承包方、受让方的信赖。

问题在于，若土地经营权信托的受托人将部分信托事务交由他人代理完成，受托人应履行何种义务？代受托人处理信托事务的第三人应承担何种责任？

就第一个问题而言，我国《信托法》未作明文规定。《美国信托法重述》(第三次)第 171 条要求受托人选任第三人时，"负有审慎之人在相同情况下也会依其裁量而采取相同行动的行为义务"。《美国统一信托法典》第 807 条也要求："受托人应对下列事项尽到合理的注意、技能与审慎：(1)选择代理人；(2)确定转托的范围与条款，其范围与条款应同信托目的与信托条款相一致；(3)定期审核代理人的行为，以监控代理人的履行及其对转托条款的遵守。"可见，上述规定均要求受托人将信托事务委托他人处理

---

①　范小玉、许成宝、冯润达：《安徽农地经营权信托情况调研》，载《农村经营管理》2014 年第 5 期。

②　笔者 2017 年 8 月在福建省沙县农村土地流转中心和高桥镇调研期间，发现沙县农地流转的面积超过农地总面积的 70%，其中，采用信托方式流转的占 60% 且这些农地均通过沙县丰源、金茂两家农地信托公司委托或租赁给他人经营。2016 年中国种子集团有限公司取得高桥镇官林窠村 132 亩农地 13 年的经营权，便是由沙县丰源农村土地承包经营权信托有限公司租赁给其经营的。

时，应尽到合理的注意义务。2006 年《日本信托法》第 35 条规定受托人委托第三人处理信托事务时，负有选任适当之人的义务和对第三人进行必要监督的义务。若受托人违反选任义务和监督义务造成信托财产的损失或变更，该法第 40 条第 2 项还规定，受托人应承担填补损失责任，除非受托人能证明即使未委托第三人，信托财产也会发生损失或变更。我国台湾地区"信托法"第 26 条第 1 项也规定，受托人仅就第三人的选任和监督负其责任。

参考上述国家和地区的立法例，若土地经营权信托的受托人将部分信托事务交由他人代理完成，受托人应就选择代理人并监督代理人的行为尽到合理的注意义务。若受托人选择的代理人不适格，或受托人未对代理人完成部分信托事务进行监督，导致信托农地未能产生预期收益，损害受益人利益的，受托人应承担民事责任。

就第二个问题而言，依我国《信托法》第 30 条第 2 款规定，受托人将部分信托事务委托他人代理完成的，受托人应对该代理行为承担责任。由此可见，代受托人处理信托事务的第三人对受益人并不承担任何责任。在其他国家和地区的立法上，关于代受托人处理信托事务的第三人对受益人是否承担任何责任，态度有所区别。《美国统一信托法典》第 807 条(c)款规定，受托人遵守该条(a)款的要求的，就代理人的行为不对受益人或信托承担责任。2006 年修订后的《日本信托法》删除了旧信托法第 26 条第 3 款关于受委托处理信托事务的第三人与受托人承担相同责任的规定，而对受委托处理信托事务的第三人的责任未设置任何规定。这意味着受委托处理信托事务的第三人仅对受托人负有契约责任，而不直接对受益人承担责任。① 我国台湾地区"信托法"第 26 条则规定，第三人负有与受托人处理信托事务同一责任。其理由在于第三人处理信托事务的结果对信托财产有重大影响，代受托人处理信托事务的第三人与受托人的地位相当。②

---

① ［日］新井诚著，刘华译：《信托法》，中国政法大学出版社 2017 年版，第 244 页。

② 王志诚：《信托法》，五南图书出版股份有限公司 2011 年版，第 223 页。

　　笔者认为，若土地经营权信托的受托人将部分信托事务委托第三人代为处理，受托人与第三人之间成立委托代理关系，依我国《民法典》关于委托代理关系的规定，受托人自应对该代理行为对受益人承担责任。不过，基于保护受益人利益的立法政策而言，《美国统一信托法典》和我国台湾地区"信托法"的上述规定，要求第三人与受托人对受益人承担同一责任，似具有一定合理性。此时第三人形式上负有双重责任，即对受托人的合同责任和对受益人的法定责任。若受益人直接对第三人行使请求权获得救济之后，受托人再不能依委托代理关系向第三人主张行使权利，因此不会加重第三人的责任。当然，若第三人接受委托代理时并不知道受托人的法律地位，要求其与受托人对受益人承担同一责任，则有失公平。有学者建议，若第三人非明知或因重大过失未知其代为处理信托事务，则第三人仅对受托人承担合同责任，不再对受益人承担责任。① 这有利于避免善意第三人遭受不测的风险，值得赞同。

第五节　土地经营权信托受托人的谨慎管理义务

一、信托受托人谨慎管理义务的标准

　　信托受托人的谨慎管理义务，是指受托人应以合理谨慎的态度处理信托事务。谨慎管理义务是信托受托人的一项主要义务。我国《信托法》第25条第2款要求受托人管理信托财产时，应履行谨慎管理的义务。至于何谓"谨慎管理"，该法没有具体的规定。我国学界存在不同的观点。有的学者认为，我国对受托人谨慎义务的标准应采取英美法系的谨慎投资人规则；也有学者认为，应区分有偿受托人与无偿受托人，分别规定不同的谨慎义务标准，对前者，受托人尽到与处理自己事务相同的注意，对后者，受托

---

　　① 王志诚：《论受托人的自己管理义务》，载《政大法学评论》2011年总第123期，第326页。

人应尽到善良管理人的注意义务。①

考察域外立法例可知,其他国家和地区关于受托人谨慎管理义务的标准有所不同。

(一)英美法系

英美法系信托法关于受托人谨慎管理义务的履行标准经历了一个由法定清单制(Legal Lists Statutes)到谨慎人规则(Prudent Man Rule)再到谨慎投资人规则(Prudent Investor Rule)的演变过程。在英国,1720 年"南海公司事件"后,法院开始对信托投资的种类进行严格限制,其为受托人列出一个投资清单,若受托人投资于法定投资清单以外的种类,则被认定为违反谨慎管理义务。② 后来,英国用成文法开列了允许受托人投资的清单。自1859 年《财产法(修正)》开始,直至 1925 年《受托人法》、1961 年《受托人投资法》,均使用了法定清单的方式对受托人的投资权加以限制。美国的多数州在 19 世纪和 20 世纪初期也都参照英国的做法,对受托人的谨慎管理义务采取法定清单制。③ 但法定清单制存在受托人选择投资对象有限性的缺陷。④

在美国 1830 年的 Harvard College v. Amory 案中,⑤ 法院创立了一个新

---

① 钟向春:《信托受托人谨慎义务标准研究》,载王保树主编:《商事法论集》(第 20 卷),法律出版社 2011 年版,第 150~164 页;张敏:《信托受托人的谨慎投资义务研究》,中国法制出版社 2011 年版。

② 彭插三:《信托受托人的法律地位比较研究——商业信托的发展及其在大陆法系的应用》,北京大学出版社 2008 年版,第 250 页。

③ Austin Fleming, Prudent Investments: The Varying Standards of Prudence, Real Property, Probate and Trust Law Journal, 1977(12):243-244.

④ 参见张国清:《投资基金治理结构之法律分析》,北京大学出版社 2004 年版,第 59 页。

⑤ 美国马萨诸塞州最高法院认为,受托人应当"按照谨慎、有判断力和智慧的人处理自己事务的方式,不着眼于投机,而是着眼于信托财产的永久处置,并考虑资本的可能收益与安全性。受托人已依当时情形,诚信、审慎处理,故不必对投资的损失负责。"See Harvard College v. Amory, 26 Mass. 446 (1830).

的受托人谨慎管理义务准则，即"谨慎人规则"。英国 19 世纪的判例中，也确立了类似的规则，例如，Speight v. Gaunt(1883)等。① 1929 年经济危机之后，在银行和信托公司的推动以及学者们的呼吁下，美国开始出现强烈要求废除法定清单制，并对受托人的谨慎管理义务改采弹性原则的声浪。② 1935 年和 1959 年美国在《信托法重述》中两次采纳了上述谨慎人规则。③

　　不过，由于现代组合投资理论的运用，美国 1992 年《信托法重述》(第 3 次)和 1994 年《统一谨慎投资人法》对谨慎人规则作了重大改革，形成了谨慎投资人规则。④《美国统一信托法典》第九章对谨慎投资人规则作了明确规定。该法第 902 条(a)款规定，对受托人的注意标准通常采取相同谨慎投资者应有的注意。

---

① 参见何宝玉：《英国信托法原理与判例》，法律出版社 2001 年版，第 216 页。

② George T. Bogert：Trust, London：West Publishing Co., 6th Ed., 1987：385.

③ "在信托条款和议会法律没有规定的情况下，受托人应当像一个谨慎的人将他自己的财产投资一样，考虑信托财产价值的保护、投资收入的数量和周期性，进行信托财产投资。"See Restatement of Trusts, §227; Restatement (Second) of Trusts, §227.

④ 该规则确立的受托人谨慎投资义务的履行标准如下：(1)受托人应考虑到信托目的、信托期限、分配要求和信托的其他情况，像一个谨慎投资人那样投资信托财产。具有特殊技能或专长或者声称具有特殊技能和专长的受托人，有义务运用这些特殊技能或专长履行受托人职责。(2)对受托人的投资是否谨慎的评价不以单项投资行为为对象，而是将信托财产的投资组合作为一个整体，把单项投资作为整体的一部分进行评价。(3)受托人投资信托财产时应考虑与信托或受益人有关的各种因素，权衡投资风险和回报。这些因素包括总体经济情况；通货膨胀或通货紧缩可能产生的影响；投资决策可能产生的税收后果；每一项投资在总体信托财产投资组合中的作用，该投资组合可能包括金融资产、紧密控制型企业股权、有形和无形动产以及不动产；预期总收益；资产流动性的需要，定期取得收入的要求以及资本保值、增值的需要等。(4)受托人应将信托财产的投资多样化，除非受托人合理地认定，由于特殊情况，信托财产不实行投资多样化反而能更好地实现信托目的。(5)受托人在投资信托财产的过程中，只应发生相当于信托财产、信托目的和受托人的技能来说是适当和合理的成本。(6)谨慎投资人规则表达的是一种行为的标准，而不是一种结果的标准。受托人是否遵守了谨慎投资人规则，应根据受托人作出决定或者采取行动时的事实和情况来决定。(7)如果信托有两个以上的受益人，那么受托人在投资和管理信托财产时应当不偏不倚地对待各个受益人，同时也应考虑到各个受益人的不同利益。参见赵廉慧：《信托法解释论》，中国法制出版社 2015 年版，第 343 页；张淳：《〈美国统一谨慎投资法〉评析》，载《法学杂志》2003 年第 5 期，第 57～58 页。

受美国法的影响，英国于 2000 年颁布的《受托人法》中也采纳了谨慎投资人规则。该法第 1 章标题为"谨慎义务"，第 1 条规定了受托人的谨慎标准。[1] 其第 2 章标题为"投资"，第 4 条事实上运用了现代组合投资理论。[2]

(二) 大陆法系

作为大陆法系的代表，日本、韩国对信托受托人的谨慎投资义务的要求，没有作出具体的规定，而是适用民法上善良管理人的注意标准。对此，2006 年《日本信托法》第 29 条第 2 款规定受托人应尽善良管理人的注意义务处理信托事务，不过，若信托行为另有约定的，则受托人按照其约定履行注意义务。《韩国信托法》第 28 条作了受托人以善良管理人应有的慎重处理信托事务的规定。

关于善良管理人的注意标准，大陆法系的学理解释认为，此注意要求行为人应具其所属职业，某种社会活动的成员或某年龄层通常所具的智识能力。[3] 因此，专业受托人应当比一般受托人履行更高的谨慎管理义务标准，有学者称之为"专家的注意义务"。[4]

由上述考察可知，英美法系的信托法中关于受托人谨慎管理义务的履行标准经历了由低到高、由严格到宽松的发展过程。在最初确立的法定清单制

---

[1] 该条规定："无论在什么情况下，只要本条规定的谨慎义务适用于受托人，他就必须行使在当时情况下合理的谨慎和技能，特别要考虑到：他拥有或者声称拥有的特殊知识和经验；如果他是在经营活动中或者作为职业而担任受托人的，人们应当合理地期望一个从事该种经营活动或者职业的人所应当具有的特殊知识或者经验。"参见何宝玉：《英国信托法原理与判例》，法律出版社 2001 年版，第 388 页。

[2] 该条规定："(1) 行使任何投资权时，受托人必须遵守标准投资准则；(2) 受托人必须适时检查信托投资并且考虑根据标准投资准则，这些投资是否应该被更改；(3) 信托的标准投资准则是：投资的适宜性，即受托人意图从事或保留的特定投资所属的投资类型，对于信托而言是适宜的，并且特定投资作为这类投资，对信托来说也是适宜的；投资的多样化，即信托投资多样化的需要，只要对信托的具体情况来说是适当的。"参见何宝玉：《英国信托法原理与判例》，法律出版社 2001 年版，第 388~389 页。

[3] 王泽鉴：《侵权行为法》(第一册)，中国政法大学出版社 2001 年版，第 260 页。

[4] 霍玉芬：《信托法要论》，中国政法大学出版社 2003 年版，第 89 页。

下，受托人只要投资于法定清单列举的种类，即履行了谨慎管理义务，这种情形下受托人谨慎管理义务的履行标准很低，但十分严格。之后出现的谨慎人规则中，受托人须按一个谨慎的人处理自己事务的方式进行投资，此情形下受托人谨慎管理义务的履行标准比法定清单制中的相关标准要高，但与法定清单制相比显得宽松。再之后形成的谨慎投资人规则中，一般受托人须按谨慎投资人的要求进行投资、具有特殊技能或专长的受托人应运用其特殊技能或专长进行投资。这里的"谨慎投资人"显然比谨慎人规则中普通谨慎的人的要求更高，因为其须具备一定的投资知识和技能，但谨慎投资人规则确立的投资组合策略、行为评价标准等，使受托人的谨慎管理标准更为宽松。而在大陆法系，信托受托人的谨慎管理义务属于善良管理人注意义务概念的一个分支，其履行标准很高。依善良管理人的注意标准，若受托人为普通的人，其应达到从事管理活动的人通常具有的注意和能力程度；若受托人为专业机构或人士，其须达到这些机构或人士一般具有的注意和技能标准。

比较目前两大法系中信托受托人谨慎管理义务的履行标准，可以发现，二者并无本质区别。究其原因，这与现代市场经济条件下两大法系国家和地区在资本市场、法律制度方面逐渐融合的趋势密切相关。不过，大陆法系中信托受托人谨慎管理义务属于原则性规定，在司法实践中难以适用，相较之下，英美法系的信托法中相关规定的可操作性则强得多。

二、土地经营权信托受托人谨慎管理义务的细化

依我国《信托法》第 25 条第 2 款的规定，土地经营权信托受托人应履行谨慎管理义务。在土地经营权信托中，受托人谨慎管理义务的履行标准应以善良管理人的注意为准。即若受托人为自然人，则以具有农地经营能力的自然人一般或客观上所要求的注意能力为标准；若受托人为信托公司等法人，则应课以受托人较一般自然人为高的专业及高度的注意义务。这是因为我国尚处于信托制度的启蒙阶段，要求受托人以善良管理人的注意为标准来履行谨慎管理义务，有助于促进受托人谨慎行使对信托财产的管理、处分权。

具体而言，土地经营权信托受托人的谨慎管理义务主要表现为：（1）受托人经营管理农地时，应注意风险分散原则和组合经营法则。在土地经营权信托中，若受托人将信托农地全部用于经营单一农产品，可能会产生产品过剩的风险。且农地经营受自然因素的影响较大，单一农产品的经营也不利于提高农地的经营效益。若受托人遵循风险分散原则，将信托农地的经营结构进行适当组合，将有利于实现农地经营效益的提升。（2）受托人应维持农地的生产力。在土地经营权信托中，受托人应合理经营管理农地，以保持土地的生产力，不可对其采取掠夺式方式加以利用，影响农业的可持续发展。（3）受托人应公平地对待不同的农户。在土地经营权信托中，每个农户作为受益人均享有获得信托利益的权利，受托人应公平地为其分配信托利益。

值得注意的问题是，土地经营权信托受托人的谨慎管理义务是否可由当事人选择排除适用？如前所述，2006 年修改的《日本信托法》已将受托人履行善良管理人注意义务由强行性规范调整为任意性规范。在土地经营权信托中，受托人的谨慎管理义务应定性为强行性规范为宜。理由如下：其一，土地经营权信托旨在促进农地的适度规模化、科学化经营，实现农户利益的最大化。若允许当事人通过信托合同减轻或排除受托人的谨慎管理义务，难免会造成土地经营权信托流转的政策目的无法实现，甚至可能会因受托人经营管理不当而损害农地的生产能力。其二，土地经营权信托的受托人享有收取报酬的权利。特别是在受托人为信托公司的情形下，信托公司本身即为以营利为目的的法人。若允许降低或排除受托人的谨慎管理义务，将与权利义务相一致的法理相悖。

第六节　土地经营权信托受托人的信息公开义务

一、土地经营权信托受托人信息公开义务的内涵

信托受托人的信息公开义务分为主动的信息公开义务和被动的信息公

开义务。① 前者是指受托人负有定期向委托人、受益人提供信息的义务；后者则为委托人、受益人提出查阅有关信息的请求时，受托人负有提供信息的义务。我国《信托法》第33条对受托人主动的信息公开义务进行了一般规定。依该条的规定，受托人主动的信息公开义务包含以下要求：(1)受托人应每年定期报告；(2)受托人应报告信托财产的管理、处分、收支情况；(3)受托人既要向委托人报告，又要向受益人报告。而依该法第20条和第49条的规定，受托人被动的信息公开义务包括以下含义：(1)受托人就委托人或受益人所提出的关于信托财产的管理、处分、收支情况予以说明；(2)受托人就委托人或受益人所要求的查阅、复制处理有关信托事务的信息予以提供。

据此，土地经营权信托受托人的信息公开义务是指土地经营权信托受托人依法将信托财产的管理、处分等情况向委托人(即受益人)予以公开的一项义务。之所以要求土地经营权信托的受托人履行信息公开义务，是因为：其一，保护土地经营权信托委托人权益的需要。土地经营权信托是委托人与受托人之间存在信赖关系。据此，委托人享有对受托人管理、处分信托财产的知情权。要求土地经营权信托的受托人履行信息公开的义务，是保护土地经营权信托委托人权益的需要。其二，保障土地经营权信托目的实现的需要。土地经营权信托的目的在于促进农地的适度规模化、产业化经营，发展现代农业，增加农民收入。土地经营权信托受托人经营管理农地的状况如何，直接关系到众多受益人的利益。而土地经营权信托受益人通常是难以知晓受托人对农地的经营管理状况的。若土地经营权信托的受托人滥用权利，便可能损害受益人的利益，造成土地经营权信托的目的难以实现或无法实现。因此，为了保障土地经营权信托目的的实现，应要求土地经营权信托的受托人履行信息公开的义务。

----

① 也有学者将受托人的信息公开义务分为积极的信息公开义务和消极的信息公开义务。参见[日]能见善久著，赵廉慧译：《现代信托法》，中国法制出版社2011年版，第127页。

二、土地经营权信托受托人信息公开义务的履行

我国《信托法》第 20 条和第 49 条关于受托人信息公开义务的规定，基本上以个别信托为前提，并未考虑集合信托的特殊性。因为集合信托的委托人和受益人众多，若仍由某一个委托人或受益人要求查阅、复制受托人管理处分信托财产的状况，不仅可能导致受托人的管理成本大幅上升，而且会同时涉及其他委托人的隐私权保护问题。因此，有学者主张在集合信托中受托人可援引权利滥用的法理，对受益人的查询请求权加以限制，或将信息公开的对象限定为信托监察人，而个别受益人请求受托人公开信息时，应通过信托监察人公开必要范围内的信息。[①] 该观点值得赞同。土地经营权信托属于集合信托，有必要对委托人（即受益人）的查阅请求权进行限制，以保护其他委托人（受益人）的隐私权，并降低受托人的管理成本。

就受托人信息公开义务的履行而言，2006 年《日本信托法》第 38 条第 2 款和第 39 条第 2 款分别对受益人阅览账簿等请求权和公开其他受益人受益权的内容等请求权的限制进行了具体规定，可供借鉴。[②] 在土地经营权信托中，若委托人（受益人）具有正当的目的，以书面方式向受托人提出请求查阅、复制信托财产管理处分的有关信息，受托人应当允许其查阅、复制。但委托人（受益人）具备下列情形之一，则应认为其有不正当的目的，受托人有权拒绝其查阅、复制信托财产管理处分信息的请求：（1）自营或与他人共同经营的业务与受托人经营管理农地业务具有竞争关系；（2）为

---

① 杨崇森：《信托法原理与实务》，三民书局股份有限公司 2010 年版，第 201 页。

② 《日本信托法》第 38 条第 2 款规定，受益人提出阅览账簿等请求时，除认为符合下列情形之一者外，受托人不得拒绝：（1）请求者基于确保或行使其权利所为之调查以外的目的为请求时。（2）请求者在不适当的时期为请求时。（3）请求者以妨害信托事务的处理，或损害受益人的共同利益为目的为请求时。（4）请求者经营或从事与该信托之相关业务有实质竞争关系的事业时。（5）请求者为将阅览或抄录得知的事实通报第三人以获取利益而为请求时。（6）请求者在过去两年内，曾将经阅览或抄录所得知的事实通报第三人获取利益时。该法第 39 条第 2 款所规定的受益人提出公开其他受益人受益权的内容等请求时受托人予以拒绝的理由，与上述规定基本相同。

向他人泄露信托财产的有关信息而查阅、复制受托人管理处分信托财产的信息；(3)前三年内曾通过查阅、复制信托财产有关信息向他人泄露而获取利益；(4)有不正当目的的其他情形。至于委托人(受益人)查询、复制受托人管理处分信托财产的具体方式，可由委托人(受益人)自己查询、复制，也可由委托人(受益人)聘请的律师、会计师等执业人员辅助进行。

值得注意的是，土地经营权信托合同可否约定剥夺委托人(受益人)查阅、复制受托人管理处分信托财产的信息的权利，进而受托人不必履行信息公开的义务呢？笔者认为，土地经营权信托合同可以限制委托人(受益人)查阅、复制受托人管理处分信托财产的信息的权利，而不能剥夺委托人(受益人)查阅、复制受托人管理处分信托财产的信息的权利，进而排除受托人履行信息公开的义务。因为：其一，从权利属性上看，知情权是土地经营权信托委托人(受益人)的一项固有权利，若剥夺委托人(受益人)对受托人经营管理农地的知情权，势必不利于委托人(受益人)利益的保护；其二，从法的公平原则来看，受托人享有经营管理信托农地的权利，理应履行相应的义务，若以土地经营权信托合同排除受托人履行信息公开的义务，不利于委托人(受益人)对受托人管理处分信托财产的行为进行监督，难免出现受托人滥用权利损害委托人(受益人)利益的情形。可见，基于法的公平原则，不能以土地经营权信托合同排除受托人履行信息公开的义务。若土地经营权信托合同约定剥夺委托人(受益人)查阅、复制受托人管理处分信托财产的信息的权利，进而受托人不必履行信息公开的义务，则该约定应认定为无效条款。

第七节　土地经营权信托收益的给付义务

一、信托利益分配的一般规则

在受益人为多个主体的情形下，若信托文件对各受益人的信托利益分配进行了明确规定，则从其规定。问题在于，若信托文件没有对各个受益人的信托利益分配进行规定，受托人应如何将信托利益分配给各受益人？

在《英国信托法》中，要求受托人分配信托利益时公平对待受益人。①除非信托文件授权受托人对信托利益的分配自由裁量，受托人应将信托利益在各受益人之间进行平均分配。②《美国统一信托法典》第803条规定，信托有两个以上受益人的，受托人在分配信托财产时应公允行事，对不同受益人的权益给予适当关注。《日本信托法》第33条要求在有两个以上受益人的信托中，受托人应公平执行职务。该法未对受托人如何将信托利益分配给各受益人进行明确规定。

依我国《信托法》第45条规定，若信托文件对信托利益的分配有规定，则按照该规定将信托利益分配给共同受益人；若信托文件未规定信托利益如何分配，则由各个受益人平均分配。可见，当存在多个受益人且信托文件未对信托利益如何分配进行规定时，我国《信托法》采取了《英国信托法》中的态度，由受托人将信托利益在受益人之间进行平均分配。

学界对信托有多个受益人且信托文件未对信托利益如何分配的问题很少进行探讨。有的学者主张若信托受益人有数人，且信托行为未对信托利益的分配进行规定，应适用民法中关于共有的处理规则，推定受托人对各受益人平均分配信托利益。③ 也有学者认为在信托文件未对多个受益人信托利益的分配进行规定时，只有按照均等比例进行分配才能体现出对每一个受益人的公平合理。④

笔者认为，当信托受益人为多人，且信托文件未规定信托利益的分配方法时，不宜一律按照均等比例的方式进行分配，应依据受益人的不同类型加以区别处理。在自益信托情形下，受益人即为委托人，若信托文件未规定信托利益的分配方法，可按照每一个委托人信托的财产占全部信托财

---

① 何宝玉：《信托法原理与判例》，中国法制出版社2013年版，第217页。

② Halsbury's Law of England, Vol. 48: Trusts, P. 827. 转引自张淳：《我国信托法对英美信托法中特有规则的移植及其评析》，载《中外法学》2002年第6期，第752页。

③ 徐国香：《信托法研究》，五南图书出版股份有限公司1988年版，第120页。

④ 张淳：《我国信托法对英美信托法中特有规则的移植及其评析》，载《中外法学》2002年第6期，第753页。

产的比例对信托利益进行分配，以示公平。在他益信托情形下，受益人为委托人指定的其他主体，若信托文件未规定信托利益的分配方法，则可采取均等比例的方式加以分配。

二、土地经营权信托收益的给付方式

在土地经营权信托中，受益人人数众多，土地经营权信托合同对信托收益的分配有明确规定的，按照其规定进行分配。若土地经营权信托合同未明确规定信托收益如何分配的，则按照不同委托人信托的农地面积与全部委托人信托农地的总面积之比例进行分配为宜。因为土地经营权信托属于自益信托，委托人信托的农地面积大小不尽一致，不同农地的收益也不完全相同。若将受托人经营管理农地产生的利益在众多受益人之间平均分配，不利于体现对受益人的公平保护。而按照不同委托人信托的农地面积与全部委托人信托农地的总面积之比例进行分配，有利于公平保护受益人的受益权。

另外，值得注意的是，土地经营权信托的受托人可否与委托人约定，在信托期间，由受托人向受益人定期支付固定的费用作为信托收益。笔者认为，信托是一种财产管理方式，受托人经营管理农地获得了收益，应将该收益分配给受益人；若由受托人支付固定的收益给受益人，将与农地租赁无异，不符合农地信托的属性。基于此，土地经营权信托受益人的分配不应采取由受托人支付固定收益的方式，而应依受托人经营管理农地的实际状况进行分配。当然，若受托人对农地的经营管理不善，导致受益人无法获得收益，则可依信托法的相关规定，对受益人的收益权予以救济。

第八节　土地经营权信托受托人的民事责任

如前所述，土地经营权信托受托人应履行诸多义务。若其违反义务，则应承担民事责任。我国《信托法》对受托人的民事责任虽有规定，但这些规定较为简略，且存在不合理之处。鉴于此，有必要对土地经营权信托受

托人的民事责任展开研究。

一、土地经营权信托受托人的民事赔偿责任

(一)受托人民事赔偿责任的性质

我国法学界对受托人赔偿责任的性质存在以下两种不同的观点：一是兼具违约责任和侵权责任说。该说认为，在信托法律关系中，受托人和受益人之间既有物权关系又有债权关系，受托人的赔偿责任同时构成违约责任和侵权责任。① 二是独立民事责任说。这种学说认为，受托人违反信托的民事赔偿责任既不是违约责任也不是侵权责任，而是一种独立的民事责任。②

笔者不赞同上述两种观点，受托人赔偿责任的性质应为侵权责任。理由如下：

第一，受托人违反信托的民事赔偿责任不符合违约责任的构成要件。根据合同法原理，违约责任的构成要件应包括：合同当事人一方有违约行为、合同另一方当事人或特定第三人(第三人利益合同中的第三人)因违约行为受到损害。而众所周知，信托的设立方式有多种，除可以合同方式设立之外，还可以遗嘱、宣言③等方式设立。在遗嘱信托、宣言信托等情形

---

① 受托人实施违反信托的行为，一方面可能因其不履行信托目的要求其履行的管理、处分信托财产，给付信托利益的义务而具有债务不履行性质；另一方面可能因其积极实施违反信托目的的管理、处分行为，侵害了受益人的利益而具有侵权行为的性质。参见余卫明：《论信托受托人的民事责任》，载《中南大学学报》(社会科学版)2007 年第 4 期。

② 其理由是受托人负有的与管理信托财产有关的义务系以信托财产为履行对象而不是以受益人或委托人为履行对象，受托人违反与管理信托财产有关的义务的行为仅以信托财产为侵害对象而非以受益人的财产为侵害对象；各国和地区的信托法中有"赔偿信托财产的损失"之规定，据此，受托人违反信托的赔偿责任系以信托财产为承担对象，而不是以受益人或委托人为承担对象。参见张淳：《试论受托人违反信托的赔偿责任——来自信托法适用角度的审视》，载《华东政法学院学报》2005 年第 5 期。

③ 指委托人为受益人的利益或特定目的而决定以自己为受托人的宣示。

下，受托人与受益人或委托人之间不存在合同关系，受托人违反信托承担的民事赔偿责任显然不属于违约责任。单就以合同方式设立的信托而言（土地经营权信托即采取合同方式设立），由于信托合同的当事人为委托人和受托人，受益人并非信托合同的当事人，而信托合同与第三人利益合同又存在重大差异①，受益人也不属于第三人利益合同中的第三人，因此，受托人对受益人没有合同义务，其违反信托时对受益人自然就无违约责任可言。委托人虽然为信托合同的当事人，但各国和地区的信托法均确定委托人不享有信托财产的所有权②，且信托利益归受益人而非委托人享有（如果委托人为唯一受益人或受益人之一，其仅以受益人的身份享有信托利益），因而，受托人违反信托不会对委托人造成损害，受托人对委托人便不应承担民事赔偿责任。另外，若受托人为法人时，采违约责任说还无法追究其有关成员的连带责任③，因为法人成员与委托人之间没有信托合同关系。

　　第二，主张受托人违反信托的民事赔偿责任为独立民事责任的理由不能成立。法学界的通说认为，民事义务是义务人为满足权利人的利益而为一定行为或不为一定行为的必要性；民事责任是义务人违反民事义务而应

---

　　①　对这些差异，详见周小明：《信托制度：法理与实务》，中国法制出版社2012年版，第103~106页；何宝玉：《信托法原理研究》，中国法制出版社2015年版，第21~24页。

　　②　英美法系信托法和日本、韩国等大陆法系国家和地区信托法确定委托人一旦将财产交付信托，即丧失对该财产的所有权。参见张淳：《中国信托法特色论》，法律出版社2013年版，第34~38页。我国《信托法》第2条虽然规定委托人将信托财产"委托"给受托人，但委托的含义是委托人将一定事务交由他人处理，就其对外关系而言，可以产生代理、行纪、信托等不同的关系，不能因使用了"委托"一词就认为信托财产所有权仍归委托人，且从该法的有关规定来看，可以确定委托人不享有信托财产所有权。例如，该法第15条规定："设立信托后，委托人死亡或者依法解散、被依法撤销、被宣告破产时，委托人是唯一受益人的，信托终止，信托财产作为其遗产或清算财产；委托人不是唯一受益人的，信托存续，信托财产不作为其遗产或者清算财产"，只不过将其受益权作为遗产或者清算财产。

　　③　受托人为法人时其有关成员（董事、经理等）应就该受托人违反信托的行为承担连带赔偿责任。参见《日本信托法》第41条、《韩国信托法》第40条等。

对权利人承担的法律后果。① 可见，任何民事义务都是义务主体(人)对权利主体(人)的义务，任何民事责任均为责任主体(人)对权利主体(人)的责任。而信托财产无论如何都不属于一个权利主体。例如，信托财产不能以自己的名义对外从事民事活动以及信托财产的所有权实质上归受益人享有等，均与信托财产的权利主体性相冲突。② 因此，独立民事责任说认为受托人向信托财产履行义务和承担赔偿责任在法理上是说不通的。诚然，一些国家和地区的信托法中有"赔偿信托财产的损失"的规定③，但这并不意味着受托人违反信托的民事赔偿责任以信托财产为承担对象。因为在受托人违反管理或处分信托财产的义务致使信托财产遭受损失的情形下，受害者仅为受益人。受托人本应向受益人赔偿损失，然信托财产须由受托人进行管理或处分，信托目的才能实现，若受托人向受益人直接给付损害赔偿额，将导致受托人所占有的信托财产价值减少甚至消灭，势必影响信托目的的实现，故受托人对受益人的损害赔偿额应归入信托财产范围，从而使该项财产恢复原状。有关国家和地区的信托法中规定"赔偿信托财产的损失"的意义即在于此。

　　第三，受托人违反信托的民事赔偿责任符合侵权责任的基本特征，且将其定性为侵权责任能够克服违约责任说的局限性。根据侵权责任法原

---

　　①　梁慧星：《民法总论》，法律出版社 2004 年版，第 81、84 页；马俊驹、余延满：《民法原论》(上)，法律出版社 1998 年版，第 82 页。

　　②　在英美法系信托法中受益人对信托财产享有衡平法上的所有权，而大陆法系国家和地区以及我国《信托法》则规定受益人对信托财产享有受益权。从衡平法上的所有权和受益权的内容来看，信托财产的所有权(大陆法系意义上的所有权)实质上归属于受益人。例如，当信托文件对信托终止后信托财产的归属没有其他安排时，信托财产自动归受益人所有，这与所有权的弹力性相吻合，即所有权的权能因他物权的设定而与整体的所有权相分离，然而所有权并不因此丧失其支配力，一旦所设定的他物权消灭，所有权的权能便回归原位，所有权就恢复其全面支配的圆满状态。上述特性结合信托财产的利益归属于受益人、当他人强制执行信托财产时受益人有异议权等，可以表明衡平法上的所有权和受益权具有大陆法系所有权的属性。

　　③　参见我国台湾地区"信托法"第 23 条。但在日本、韩国和我国的《信托法》中无此种规定。

理，侵权责任是民事主体因实施侵权行为而应承担的民事法律后果；侵权
行为是民事主体不法侵害他人财产或人身权利的行为。而依各国和地区信
托法的规定，受益人对信托财产享有所有权或受益权，受托人则负有为受
益人的利益妥善管理或处分信托财产的义务。受托人实施的管理或处分信
托财产的行为违反信托法规定的义务，致使信托财产受到损失，这无疑侵
害了受益人的所有权或受益权，因此，受托人违反信托的民事赔偿责任的
性质应属于侵权责任。而且，将受托人违反信托的民事赔偿责任定性为侵
权责任能够很好地解释为何遗嘱信托和宣言信托等情形下受托人与受益人
或委托人之间没有合同关系而应就其违反信托的行为承担民事赔偿责任，
以及受托人为法人时其有关成员应就该受托人违反信托的行为承担连带赔
偿责任的问题。对前者，系因为受托人违反了信托法规定的义务，侵害了
受益人的所有权或受益权；对后者，系由于法人受托人的有关成员为该受
托人违反信托的行为的具体实施者，现代侵权责任法中的自己责任原则要
求行为人必须为自己的侵权行为承担相应的民事责任，法人受托人的有关
成员是为自己的侵权行为而不是为该受托人的违约行为承担赔偿责任。

（二）受托人民事赔偿责任的归责原则

关于受托人赔偿责任的归责原则，其他国家和地区的信托法采取过错
责任原则。这一态度在英美法系信托法中是以"只要受托人在执行信托事
务的过程中不存在疏忽大意或者故意"或"受托人仅在个人有过错的情形下
始承担个人责任"这一较为明确的方式体现的。① 大陆法系的日本、韩国的
信托法以及我国信托法尽管未明确规定只有在受托人因过错违反管理或处
分信托财产的义务时才承担赔偿责任，但这些信托法均一致规定了受托人
负有谨慎或注意义务②（这一义务属于主观义务）。信托法确认受托人负有
这一义务的实质，显然在于要求受托人以符合法律要求的谨慎或注意态度

---

① 参见《英国受托人法》第 61 条；《美国统一信托法典》第 1010 条（b）款。
② 参见《日本信托法》第 29 条、《韩国信托法》第 28 条、我国《信托法》第 25 条
第 2 款。

来履行管理或处分信托财产的其他义务(这些义务均为客观义务)。① 由此可见,若受托人未尽到应有的谨慎或注意义务,便应承担赔偿责任。这些信托法确认过错责任原则为受托人违反信托的民事赔偿责任的归责原则由此显现。②

　　然而,各国和地区信托法对过错责任原则能否适用于受托人违反分别管理信托财产的义务所产生的民事赔偿责任却存在差异。英美法系的信托法虽未明文规定受托人因过错违反分别管理义务时才承担赔偿责任,但从这些信托法的相关规定中可以判断其采取了过错责任原则。例如,《英国信托法》中,受托人诚实、合理地从事管理信托的行为,属于法院免除受托人个人责任的事由之一。③《美国统一信托法典》第1010条第(b)款则规定:"受托人对管理信托中的侵权行为,或者违反由信托财产之所有或控制所生的义务,包括违反环境法的义务,仅在其有过错时才承担个人责任。"而《日本信托法》第40条第1项、第4项规定,受托人违反分别管理义务,导致信托财产受损失或产生变更时,受托人应负损失填补或恢复信托财产原状的责任;该责任除非经证明为分别管理却仍产生损失、变更,否则不得免责。在我国台湾地区,"信托法"第24条第3项对受托人违反分别管理义务的效果作了规定。④ 由上述规定可知,对受托人违反分别管理义务的民事赔偿责任的归责原则,《日本信托法》和我国台湾地区"信托法"显然采取了无过错责任原则。

　　在我国《信托法》中,受托人违反分别管理义务的损失赔偿责任采取何

---

　　① 这些义务包括按照信托目的或信托行为的要求管理信托财产的义务、忠实义务、亲自管理信托财产的义务和信息公开义务等。

　　② 在日本和我国法学界,已有学者将受托人管理或处分信托财产时存在故意或过失作为其承担赔偿责任的要件。参见[日]中野正俊、张军建:《信托法》,中国方正出版社2004年版,第173页。

　　③ David Hayton、Charles Mitchell: Commentary and Cases on The Law of Trusts and Equitable Remedies, Sweet & Maxwell, 2005: 710.

　　④ 该条规定:"受托人违反第一项规定获得利益者,委托人或受益人得请求将其利益归于信托财产。如因而致信托财产受损害者,受托人虽无过失,亦应负损害赔偿责任;但受托人证明纵为分别管理,而仍不免发生损害者,不在此限。"

种归责原则未作明文规定，学界一般主张对此种责任适用过错责任原则。①
由于我国《信托法》对这种民事赔偿责任适用的归责原则未作出例外规定，
因此，可以认为该法确立的过错责任原则能够适用于这种民事赔偿责任。
笔者认为，由于信托关系当事人的权利义务是围绕着信托财产而展开的，
没有独立可辨别的信托财产便无信托，且信托是为受益人的利益而设计的
一种财产管理制度，受托人违反信托的民事赔偿责任应当体现出对受益人
利益的保护，因此可以认为，大陆法系国家和地区信托法对受托人违反分
别管理信托财产的义务所产生的民事赔偿责任确立的无过错责任原则显然
具有较高的合理性。因此，建议我国《信托法》采纳大陆法系国家和地区信
托法的规定，将受托人违反分别管理信托财产的义务所产生的民事赔偿责
任适用无过错责任原则。

如前所述，土地经营权信托受托人对农地的集中管理是受托人分别管
理义务的例外。若土地经营权信托受托人未将农地进行适度集中管理，致
使受益人的利益遭受损失的，应承担赔偿责任。对这种赔偿责任，仍应采
取过错责任原则。

(三)受托人过错的认定

两大法系国家和地区的信托法对受托人过错的认定标准有不同的规
定。英美法系的信托法确认由受托人负有谨慎义务，要求受托人在原则上
只应当以一个普通人的与处理自己事务时相同的谨慎态度来管理信托财
产，但是，如果受托人是专门经营信托业务的机构，其谨慎标准则有所提
高，应为其所处行业从业人员的职业技能和注意程度；如果受托人声称自
已具备更高的技能和注意程度，则应将其所声称具备的技能和注意程度作
为衡量其行为的谨慎标准。② 这意味着若受托人未尽到上述谨慎义务，

---

① 张淳：《试论受托人违反信托的赔偿责任——来自信托法适用角度的审视》，
载《华东政法学院学报》2005年第5期，第21页。

② 参见[英]D. J. 海顿著，周翼、王昊译：《信托法》，法律出版社2004年版，
第155页；《美国统一信托法典》第804条、第806条。

则可认定其存在过错。大陆法系国家和地区信托法则规定受托人负有善良管理人的注意义务。① 善良管理人的注意是大陆法系民法上的一术语，法学界认为，此注意比"一般人应有的注意""处理自己的事务为同一的注意"要求更高，即须达到受托人所从事的职业或阶层应该普遍要求达到的注意程度。② 据此，若受托人是以从事信托为职业的人，如信托公司，两大法系信托法均确认其未达到该职业所要求的高度的注意能力，即认定其存在过错；若受托人为一般的人，英美法系信托法确认其未达到与处理自己的事务为同一的注意义务，或未达到其声称所具有更高的技能和注意程度，即认定其具有过错，而大陆法系国家和地区信托法则认为其未达到受托人职业或阶层所普遍要求达到的注意程度，便认定其具有过错。

我国《信托法》第 25 条第 2 款规定："受托人管理信托财产，必须恪尽职守，履行诚实、信用、谨慎、有效管理的义务。"但该法未明确规定这一义务所要求的谨慎态度的具体内容。

笔者认为，受托人既基于信赖关系管理或处分信托财产，自须依信托行为所定意旨，积极实现信托目的，从而其注意义务不能以与处理自己事务同一注意为已足，应课以善良管理人的注意义务，以处理信托事务，而且，在信托制度的启蒙阶段，以法律明文规定受托人应尽善良管理人的注意义务，有助于促进受托人谨慎行使信托财产的管理或处分权，以更好地保护信托财产的安全和受益人的利益。因此，土地经营权信托受托人应以善良管理人的注意经营管理农地。

（四）受托人的赔偿范围

对受托人违反信托的赔偿范围，两大法系国家和地区信托法的规定不尽相同。英美法系信托法确认受托人的赔偿范围应当包括信托财产的直接

---

① 参见《日本信托法》第 29 条、《韩国信托法》第 28 条等。
② 曾世雄：《损害赔偿法原理》，中国政法大学出版社 2001 年版，第 82 页；马俊驹、余延满：《民法原论》，法律出版社 1998 年版，第 1045 页。

损失和间接损失。其中，直接损失是受托人违反信托而导致的信托财产本身的损失；间接损失包括受托人违反信托而获得的利益，以及如果受托人不违反信托，信托财产可得的利益。例如，在英国，受托人的赔偿范围包括：受托人违反信托所取得的任何利润或财产；由受托人未经授权的行为引起的损失，例如，未获授权处置信托财产的行为；由于受托人违反信托造成的信托财产价值的任何减少。①《美国统一信托法典》第 1002 条（a）款关于受托人的赔偿范围为恢复原状与可得利益两个数额中较大者。② 大陆法系国家和地区信托法均确认受托人应当赔偿因其违反信托给信托财产本身造成的损失即直接损失。对信托财产的间接损失，《日本信托法》2006 年修订前未规定由受托人予以赔偿，2006 年修订后则增加了由受托人赔偿的规定。该法第 40 条第 3 项规定，受托人违反义务，"使受托人或其利害关系人获得利益者，推定受托人有因其行为而致信托财产发生同额之损失"。我国台湾地区"信托法"仅规定受托人违反分别管理信托财产的义务和忠实于受益人的义务时，才将其因此而获得的利益作为赔偿金归入信托财产。③

我国《信托法》对受托人违反信托的赔偿范围，仅确认受托人应赔偿因其违反信托给信托财产造成的损失，而未就受托人赔偿信托财产的间接损失作出明确规定。④ 笔者认为，既然在侵权责任法中财产损害赔偿的范围

① 参见［英］D. J. 海顿著，周翼、王昊译：《信托法》，法律出版社 2004 年版，第 145 页。

② 这两个数额如下："（1）恢复信托财产价值及未发生违反信托行为时受益人可得信托分配的价值所需数额；或者（2）受托人因违反信托所得利润。"

③ 即该法第 24 条第 3 款前段规定，受托人违反分别管理信托财产的义务获得利益者，"委托人或受益人得请求将其利益归于信托财产"；第 35 条第 3 款规定，受托人违反不得将信托财产转为自有财产或于信托财产上设定或取得权利的义务，使用或处分信托财产，委托人、受益人除可以请求受托人"以金钱赔偿信托财产所受损害或回复原状"外，还可以"请求将其所得之利益归于信托财产，于受托人有恶意者，应附加利息一并归入"。

④ 参见我国《信托法》第 22 条、第 27 条、第 28 条第 2 款、第 32 条第 2 款、第 36 条的规定。

包括财产的直接损失和间接损失，[①] 而受托人违反信托事实上又会给信托财产造成直接损失和间接损失，那么，因受托人违反信托造成的信托财产的间接损失，理应由其予以赔偿。因此，其他国家和地区信托法对信托财产的间接损失赔偿所持的态度具有合理性。鉴于此，建议我国《信托法》将信托财产的间接损失纳入受托人违反信托应当赔偿的范围，以使该法对受托人违反信托的赔偿范围的规定更为完善和合理。

依我国《信托法》第22条等相关条款的规定，受托人违反义务造成信托财产损失的，应承担恢复信托财产的原状或赔偿损失的责任。可见，该法并没有规定受托人承担惩罚性赔偿责任。然而，若土地经营权信托中缺乏惩罚性赔偿制度，将不足以威慑受托人不当行为的发生，进而实现土地经营权信托的目的。在实践中，受托人侵害农户权益的现象时有发生，补偿性赔偿制度难以对受托人不当行为发挥预防和威慑的作用。[②] 而土地经营权信托的实施又关乎农业公共政策的实现，因此，有必要在土地经营权信托中确立惩罚性赔偿制度。实际上，在一些国家和地区立法中，已要求受托人在特定情形下负惩罚性赔偿之责。例如，自20世纪70年代以后，美国判例法中就对故意违反义务的信托受托人施加惩罚性赔偿责任。[③] 我国台湾地区"证券投资信托及顾问法"第9条规定，对故意造成损害的受托人，法院酌定其承担损害额三倍以下的惩罚性赔偿责任；对重大过失造成损害的受托人，则酌定其承担损害额二倍以下的惩罚性赔偿之责。

土地经营权信托惩罚性赔偿制度应包括以下内容：

（1）土地经营权信托惩罚性赔偿的适用范围。惩罚性赔偿主要是针对

---

① 张新宝：《中国侵权行为法》（第二版），中国社会科学出版社1998年版，第97页。

② 实践中，由于农地信托的农户数量众多且法律意识不强，其权益受到侵害的现象时有发生。例如，在黑龙江五里明镇，中粮信托有限责任公司将农地信托收益权质押给龙江银行以获得贷款。而信托收益权为受益人享有的权利，中粮信托有限责任公司的这一做法并不妥当。参见刘勇：《农村土地承包经营权流转信托的政策建议》，载《中国法律评论》2015年第4期。

③ 谢哲胜：《信托法》，元照出版有限公司2009年版，第67~68页。

恶意的、在道德上具有严重可非难性的行为采取的法律措施，因此，只有那些主观过错较为严重的行为才能适用惩罚性赔偿。① 在农地信托中，为保护广大农户的权益，同时不至于影响受托人从事土地经营权信托的积极性，惩罚性赔偿的适用范围应限定于受托人故意以及重大过失违反义务造成信托财产损失的情形。

（2）土地经营权信托惩罚性赔偿的数额。关于惩罚性赔偿的数额，我国现行法律的规定有所不同。例如，《中华人民共和国消费者权益保护法》第 55 条规定，经营者承担惩罚性赔偿责任的数额为消费者购买商品的价款或接受服务的费用的三倍。《中华人民共和国食品安全法》第 148 条则规定，生产者或经营者承担惩罚性赔偿责任的数额为消费者支付价款的十倍或损失的三倍。目前我国惩罚性赔偿制度尚处于探索阶段，对惩罚性赔偿规定一个最高限额，有利于防止法官滥用自由裁量权。鉴于此，土地经营权信托受托人承担惩罚性赔偿责任的数额，应以其行为给信托财产造成的实际损失为基准，限定为三倍为宜。

（五）受托人的免责事由

由于两大法系国家和地区信托法均将过错责任原则确立为受托人违反信托的民事赔偿责任的归责原则，因此，如果受托人违反管理或处分信托财产的有关义务时无过错，则其不应当承担民事赔偿责任。基于此点，受托人违反信托时无过错便成为两大法系国家和地区信托法共同确认的受托人违反信托的民事赔偿责任的免责事由。然而，《美国统一信托法典》除确认受托人违反信托时无过错这一免责事由外，对受托人违反信托的民事赔偿责任还确立了以下几种免责事由：第一，受托人的免责条款（由受托人证明免责条款公平，并已就免责条款的存在和内容与委托人充分沟通）；第二，受益人同意受托人违反信托的行为；第三，受益人免除受托人违反

---

① 张新宝、李倩：《惩罚性赔偿的立法选择》，载《清华法学》2009 年第 4 期。

信托的责任；第四，受益人追认受托人违反信托的交易。① 2006 年《日本信托法》第 42 条增设了受益人免除受托人责任的条款。

我国《信托法》对受托人违反信托的民事赔偿责任的免责事由未加以明确规定。但既然该法对受托人违反信托的民事赔偿责任确立了过错责任的归责原则，受托人在违反信托时无过错理应成为这种民事赔偿责任的免责事由。

笔者认为，在土地经营权信托中，由于受益人是受托人违反信托导致信托财产遭受损失的受害者，若其对受托人违反信托的行为事前表示同意或事后予以追认，或者放弃追究受托人责任的权利，这种意愿应当得到法律的允许，而土地经营权信托合同是由委托人与受托人共同制定的，若其中存在对受托人的免责条款，为尊重当事人的意思，除非该免责条款有失公平，受托人理当可以因此而免责。基于此，建议增补"受益人对受托人违反信托的行为事先表示同意或事后予以追认，或者受益人放弃其追究受托人的赔偿责任的权利"以及"信托合同中存在免除受托人赔偿责任的条款"作为土地经营权信托受托人违反信托的民事赔偿责任的免责事由。

二、土地经营权信托受托人的恢复原状责任

我国《信托法》第 22 条规定了受托人恢复原状的责任。据此，在土地经营权信托中，受托人违反义务，致使农地遭受损害时，委托人（即受益人）有权要求受托人恢复农地的原状。

不过，如果受托人难以恢复农地的原状，或恢复农地原状的费用过大，则要求其承担恢复原状的责任显然不合理。在这方面，2006 年《日本信托法》第 40 条第 1 项的规定可资借鉴。依该条款的规定，"恢复原状显有困难，或恢复原状花费过巨，或有其他特别情事，使受托人为恢复原状并不适当时"，则受益人不得请求受托人恢复信托财产的原状。

---

① 参见《美国统一信托法典》第 1008 条、第 1009 条。

第五章　土地经营权信托受益人权益的特别保护

土地经营权信托旨在保护受益人的权益。土地经营权信托受托人的义务和民事责任制度固然有利于保护受益人的权益。然而，在实践中，作为土地经营权信托受益人的农户权益受到侵害的现象仍时有发生。鉴于此，实有必要设立特别的法律规则，以强化对土地经营权信托受益人权益的保护。本章拟对土地经营权信托受益人权益的特别保护进行探讨。

第一节　土地经营权信托监察人制度

一、信托监察人制度的建立

(一)其他国家和地区信托监察人制度的建立

信托监察人制度是大陆法系国家和地区信托法特有的制度。1922年《日本信托法》创设信托管理人制度，代受益人监督受托人职务的履行。依该法第8条的规定，信托管理人是在受益人不特定或受益人不存在的情形下，以保护受益人的利益为目的，以自己的名义进行法院审理或审理之外行为的特殊机构。一般而言，信托管理人由法院依利害关系人的请求或其职权选任，也可由委托人在信托行为中指定。但在公益信托中，信托管理人则由政府主管机关进行选任(该法第72条)。1922年《日本信托法》下的通说和实务认为，受益人不特定或不存在是信托管理人设置的绝对条件，只要现存特定的受益人，就没有选任信托管理人的必要。① 不过，也有学者对此持有不同观点，主张由于信托管理人的职能在于保护受益人的权益，因此，不仅在受益人未存在或未特定的情形下允许选任信托管理人，而且在受益人难以或不能妥善行使或保全受益权的情形下（例如，受益人为高龄者或残疾人），也可选任信托管理人。②

2006 年《日本信托法》不仅承袭了信托管理人制度，而且建立了信托监督人制度和受益人代理人制度。依该法第 123 条的规定，信托行为中可设置在无现存受益人时指定信托管理人的规定；若信托行为没有上述规定或虽有规定但指定的人不同意或不能就任时，可由法院选任信托管理人。另外，与旧信托法中的信托管理人不同的是，当受益人不特定时，不适用信托管理人制度，而适用受益人代理人制度。信托监督人制度是 2006 年《日本信托法》增设的制度。该法第 131 条规定，在有现存受益人的情形下，允许信托行为指定信托监督人；若出现受益人无法监督受托人的特别情形而信托行为又没有指定信托监督人时，或信托行为指定的信托监督人不同意就任或无法就任时，法院可选任信托监督人。在以高龄者、未成年人、精神障碍者等作为受益人设置信托时，不少情形下受益人自身不具备监督受托人的能力，因此，允许设立信托监督人，无论从保护受益人的观点出发，还是从促进福祉型信托的运用等观点出发，均为合理。在受益人为多数或受益人有变动的场合，为使受益人顺利行使权利，2006 年《日本信托法》还规定了受益人代理人制度。

在 2006 年《日本信托法》中，信托管理人、信托监督人和受益人代理人三种制度，均旨在实现对受托人的监督和制衡，对受益人权益进行保护。但三者之间存在区别，表现为：①信托管理人的选任发生在不存在受益人的情形，而信托监督人、受益人代理人是在受益人存在的情形下选任

---

① ［日］能见善久著，赵廉慧译：《现代信托法》，中国法制出版社 2011 年版，第 229~230 页。

② ［日］新井诚著，刘华译：《信托法》，中国政法大学出版社 2017 年版，第 199 页。

的；②信托管理人、信托监督人的选任由信托行为规定或由法院决定，而受益人代理人是由信托行为规定进行选任的；③信托管理人、信托监督人均以自己的名义行使权利，而受益人代理人不是以自己名义行使权利，系代理受益人行使权利；④信托管理人、受益人代理人的权限较广泛，可行使受益人享有的各项权利，而信托监督人的权限仅为监督受托人的权利。

我国台湾地区"信托法"仿照 1922 年《日本信托法》中的信托管理人制度，设立了信托监察人制度。① 其立法意旨在于如受益人尚未存在或不特定，因受益权于信托设定后即已发生，势将发生受益权无从归属的浮动状态，故为保护将来可得确定的受益人，实有必要就已发生的受益权予以保全。② 应注意的是，我国台湾地区"信托法"第 52 条对信托监察人的规定与 1922 年《日本信托法》中的信托管理人制度存在差异。后者仅在受益人不特定或不存在时方可适用，而前者则不仅适用于受益人不特定或不存在的情形，而且适用于其他为保护受益人的利益认为有必要的情形。不过，在学界，有学者认为，我国台湾地区"信托法"上的"信托监察人"名称与其权限的本质不相符合，不如定名为"信托管理人"较为允当。③ 因为在我国台湾地区"民法"上，监察人并非法人的必设机关，原则上不代表法人，其职权限于法人的内部关系上，以监督法人事务的执行为主要目的；我国台湾地区"公司法"上的监察人的职能为对公司业务执行的监督，原则上也不代表公司。而我国台湾地区"信托法"上信托监察人可以自己名义为诉讼上或诉讼外的行为，其权限的性质属于管理权，而非监督权，与我国台湾地区"民法"和"公司法"上的监察人显然有所不同。其实，从 2006 年《日本信托法》关于信托管理人的规定来看，信托管理人的选任仅发生在不存在受益人的情形，与我国台湾地区"信托法"上的信托监察人制度适用的情形已

---

① 我国台湾地区在翻译"信托管理人"这一术语时，借鉴民法中规定的社团和财团之监察人以及公司法所规定的监察人制度，改称为"信托监察人"概念。参见杨崇森：《信托法原理与实务》，三民书局股份有限公司 2010 年版，第 235 页。

② 王志诚：《信托法》，五南图书出版股份有限公司 2011 年版，第 270 页。

③ 王志诚：《论股份有限公司之监察机关——兼评我国台湾地区监察人制度之立法动向》，载《证券管理》1995 年第 1 期，第 13 页。

然迥异。因此，将信托监察人改名为信托管理人似值得商榷。

(二)我国信托监察人制度的建立

在我国《信托法》上，仅规定公益信托应设立信托监察人。① 但关于公益信托监察人制度存在的价值，法学界有争议：一种观点不主张建立公益信托监察人制度②；另一种观点赞成公益信托监察人制度③。

笔者对公益信托监察人制度持肯定态度。因为：其一，保全信托受益权。公益信托以不特定的社会公众为受益人，委托人只能指定受益人的范围。公益信托生效后，受托人依据信托文件在这个范围内确定受益人。在此，信托受益权处于游离或浮动状态的阶段，为保护将来可以确定的受益人，实有必要设立信托监察人就已发生的信托受益权予以保全。其二，强化对受托人的监督。作为公益信托受益人的不特定社会公众，难以对受托人的行为实施有效的监督。同时，公益信托的委托人可能由于死亡、数量众多等各种原因，也不能对受托人管理公益信托财产的情况进行有效监督。因此，在公益信托中，受益人、委托人均难以形成有效的监督受托人的力量。通过设立公益信托监察人制度，由公益信托监察人专门行使信托监督权，有利于强化对受托人的监督。其三，维护社会公共利益。公益信托的目的在于实现公共利益，设立信托监察人监督受托人，有利于促进公共利益的实现。

---

① 参见我国《信托法》第64条的规定。

② 有学者认为，从成本效益的角度而言，因公益信托已由公益事业主管机关监督，没有必要再另外设立信托监察人。参见王志诚：《信托之基本法理》，元照出版有限公司2005年版，第166页。也有学者认为，公益信托监察人与英美检察长设计最大的不同点在于前者很可能不愿不收报酬而义务监督，然而公益信托倘本金原本不高，于支付受托人管理费用后尚须负担信托监察人报酬，这将使公益信托财产负担额外的开支。参见方嘉麟：《信托法之理论与实务》，中国政法大学出版社2004年版，第218页。

③ 其理由包括：有利于协助公益事业主管机关加强对受托人的监督；弥补受益人行使权利的不足等。参见赵磊：《公益信托法律制度研究》，法律出版社2008年版，第177~178页。

至于私益信托中可否设立信托监察人,我国《信托法》未作明文规定。学界尚存在争议。有的学者主张私益信托应设置信托监察人,以全面保护受益人权益。[1] 也有学者认为,在通常情况下,私益信托设立时受益人就已经确定,因此,受益人可以通过自己或其代理人行使对受托人的监督权,从而保护自己的利益,不需要法律对受益人提供特别的保护制度。[2] 据全国人大《信托法》起草工作组解释,对私益信托而言,若委托人指定的受益人尚未出生,则信托受益权处于浮动状态,似有必要设置信托监察人;至于信托监察人是否设置,应由委托人决定。[3] 但是,从信托监察人的职责上看,依我国《信托法》第 65 条的规定,公益信托监察人有权以自己的名义为诉讼或其他法律行为。可见,该法明确授予公益信托监察人向受托人提起诉讼的权利。若在私益信托中允许设立信托监察人,信托监察人也享有以自己的名义为诉讼或非诉讼行为的权利,则需要由法律明确予以授权,因为依据我国《民事诉讼法》第 119 条的规定,原告是与本案有直接利害关系的人。因此,若认可在私益信托中设立信托监察人,则在立法中明确予以规定,方为妥当。

二、设置土地经营权信托监察人的理由

土地经营权信托属于私益信托,基于以下理由,其有必要设置信托监察人。

其一,作为土地经营权信托受益人的农户处于弱者地位。在土地经营权信托中,作为受益人的农户无论在法律意识上还是在监督受托人的能力上均存在严重不足,这些不足之处使得农户的权益很可能得不到有效保护。而且在农户受益人人数众多的情形下,有的农户会存在"搭便车"的心

---

① 张淳:《〈中华人民共和国信托法〉中的创造性规定及其评析》,载《法律科学》2002 年第 2 期。

② 周小明:《信托制度:法理与实务》,中国法制出版社 2012 年版,第 358 页。

③ 全国人大《信托法》起草工作组:《〈中华人民共和国信托法〉释义》,中国金融出版社 2001 年版,第 155 页。

理，缺乏监督受托人的积极性和主动性。相较而言，土地经营权信托的受托人则具有较强的信息优势和专业优势。尤其是当受托人为信托公司时，其具有的这些优势便体现得更为明显。可见，为了保护处于弱者地位的农户权益，有必要在土地经营权信托中设置专门的信托监察人。

其二，土地经营权信托的实施关涉农业公共政策。如前所述，在"三权分置"视阈下，信托是土地经营权流转的方式之一，而土地经营权流转将有利于推进农地的规模化、科学化经营，进而实现国家发展现代农业的政策目标。土地经营权信托实施得成功与否，关键在于受托人。若受托人善尽义务，为农户受益人的最大利益经营管理农地，则无疑有利于农业公共政策的实现。然而，在实践中，有的受托人尤其是信托公司违反信托义务，损害受益人权益的案例时有发生。① 鉴于此，为了有效监督土地经营权信托受托人的行为，实现国家发展现代农业的政策目标，应在土地经营权信托中设置信托监察人。

其三，私益信托设立信托监察人的域外立法例可供借鉴。1922 年《日本信托法》仅认可受益人不特定或不存在时设立信托监察人，但 2006 年修改后的《日本信托法》已允许在受益人特定且难以监督受托人时，由信托行为指定信托监督人。② 我国台湾地区"信托法"也规定，在私益信托中，为保护受益人的利益有必要设立信托监察人。③ 这些国家和地区的立法例可供我国土地经营权信托设立信托监察人借鉴。

---

① 例如，姜唯诉中融国际信托有限公司信托合同纠纷案，参见哈尔滨市南岗区人民法院（2013）南民三初字 125 号民事判决书；江苏江山制药有限公司诉中泰信托有限责任公司信托合同纠纷案，参见江苏省泰州市中级人民法院（2014）泰中商初字第00173 号民事判决书等。

② 2006 年《日本信托法》第 131 条第 1 款规定："信托存在受益人时，信托条款可以指定一个人作为信托监督人。"此译文出自何宝玉：《信托法原理研究》，中国法制出版社 2015 年版，第 598 页。

③ 我国台湾地区"信托法"第 52 条第 1 款规定："受益人不特定、尚未存在或其他为保护受益人之利益认有必要时，法院得因利害关系人或检察官之声请，选任一人或数人为信托监察人。"

三、土地经营权信托监察人的选任

依我国《信托法》第 64 条的规定，公益信托监察人的选任方式有两种：一种是由信托文件规定；另一种是若信托文件未规定的，则由公益事业主管机关指定。在其他国家和地区，若信托文件未规定信托监察人，或信托文件规定的信托监察人不愿或不能就任的，则由法院应利害关系人的申请选任信托监察人。例如，《日本信托法》第 131 条第 4 款的规定。在土地经营权信托中，若由信托文件规定信托监察人，将不利于有效监督受托人。因为在土地经营权信托中，信托文件通常都是由受托人单方面拟定的，由其选任监督自己的人，将难以产生监督的效果。若由法院应利害关系人的申请选任，也存在如下问题：其一，在土地经营权信托中，作为委托人兼受益人的农户数量众多，单个农户可能不愿意向法院提出申请。而若无利害关系人向法院申请，将导致信托监察人无法产生。其二，法院因自身审理案件的负担以及对选任信托监察人不具有专业优势，由其选任信托监察人恐难以胜任。有的学者认为，考虑到信托监察人存在的目的与农地信托中当事人的结构，由受益人大会选任信托监察人最为合适，至于表决方式，遵循表决权过半数的规则；若受益人大会无法选任信托监察人的，则由受托人指定。[1] 然而，受益人大会是在土地经营权信托设立后方才运作的机构，而信托监察人须在土地经营权信托设立时产生。另外，若受益人大会无法选任信托监察人时由受托人指定，则按照这种方式产生的信托监察人很可能难以对受托人进行有效监督。

另外，由于信托监察人的特殊功能，大陆法系国家和地区信托法上对信托监察人的消极资格做了规定。[2] 在我国，《信托法》对信托监察人的任职资格均没有作出任何规定。这样，不利于实现信托监察人制度设立的宗旨。

---

① 徐卫：《土地承包经营权集合信托模式的构建逻辑与制度设计》，上海交通大学出版社 2016 年版，第 254 页。

② 例如，日本《信托法》第 124 条规定了未成年人、成年被监护人不能担任信托管理人。我国台湾地区"信托法"第 53 条还规定破产人不得成为信托监察人。

鉴于此，建议由村民委员会担任土地经营权信托的监察人较为妥当。这是因为：第一，村民委员会是农民自治组织，与受托人之间没有利益关系，其能为农户的利益对受托人的行为实施监督；第二，村民委员会具有健全的组织机构和一定的专业优势，对农地的经营管理较为熟悉；第三，村民委员会是特别法人①，能以自己的名义行使维护农户利益的诉权和其他权利。

四、土地经营权信托监察人的权限

对信托监察人的权限，大陆法系信托法只作了概括性规定，并没有具体列举。② 在我国，《信托法》第 65 条也概括性地规定了信托监察人享有监督的权利，没有详细列举信托监察人享有哪些具体的权利。

笔者认为，土地经营权信托监察人权限不仅关系到受益人权利的保护问题，而且关系到农业公共政策问题，因此，有必要对其加以明确规定。信托监察人享有的权利应当是监督权和救济权。例如，土地经营权信托监察人有权了解土地经营权的管理运用状况；查阅或复制与土地经营权有关的账目和文件；受托人因管理不当致使农户利益受到损害或违反信托目的处分土地经营权时，土地经营权信托监察人有权请求该受托人予以赔偿或恢复原状等。

五、土地经营权信托监察人的义务与责任

(一)土地经营权信托监察人的义务

大陆法系国家和地区的信托法上要求信托监察人负有善良管理人的注

---

① 我国《民法典》第 101 条规定，村民委员会具有基层群众性自治组织法人资格，可以从事为履行职能所需要的民事活动。

② 有学者认为，对信托监察人享有哪些权利，信托法这种概括性规定，足资适用，如果采列举规定，非但内容繁琐，且有列举不周之弊。参见方国辉：《公益信托与现代福利社会之发展》，中国台湾私立中国文化大学博士学位论文，1992 年，第 478~479 页。

意义务。例如，《日本信托法》第 126 条有明确规定。而我国《信托法》没有对此作出规定，这不利于信托目的的实现。

就《日本信托法》关于信托管理人、信托监督人义务的规定和我国台湾地区"信托法"对信托监察人义务的规定来看，二者均要求信托监察人负有善良管理人的注意义务，但除此之外，《日本信托法》还规定了信托管理人、信托监督人的诚实义务和公平义务，而我国台湾地区"信托法"对此未作规定。相比较而言，笔者认为，《日本信托法》所规定的信托管理人、信托监督人义务更具有合理性，值得确定土地经营权信托监察人的义务所借鉴。

首先，土地经营权信托监察人基于委托人的信赖保护受益人的权益，必须依信托合同所定意旨，积极实现信托目的，从而其注意义务不能以与处理自己事务同一注意为已足，应课以善良管理人的注意义务。

其次，既然土地经营权信托监察人是为保护受益人的权益而设置，那么其理应为受益人的最大利益而行使权利，不能为自己或他人谋取不当利益，因此，信托监察人应负有诚实义务。

再次，信托监察人应履行公平义务。土地经营权信托受益人人数众多，信托监察人应对所有的受益人公平对待，不得为了部分受益人的利益而损害其他受益人的利益。

(二)土地经营权信托监察人的责任

有义务就应当有相应的责任。信托监察人违反义务应承担何种法律责任，我国《信托法》均未作规定。大陆法系的日本仅规定了信托监察人怠于执行职务或有其他重大事由时将被指定或选任之人解任。①

笔者认为，为促使土地经营权信托监察人善尽义务，更好地保护受益人的权益，可对土地经营权信托监察人的赔偿责任作如下规定：土地经营权信托监察人违反义务给受益人的权益造成损害的，应当承担恢复原状、赔偿损失的责任。如果损害是由多个信托监察人造成的，信托监察人之间

---

① 参见《日本信托法》第 128 条第 2 项等。

应当承担连带赔偿责任。此外，为保证受益人的权益能够得到及时、有效的救济，使土地经营权信托监察人的赔偿责任能够得到真正落实，可要求土地经营权信托监察人从其报酬中提取一定比例资金购买责任保险。

第二节　土地经营权信托受益人大会制度

一、土地经营权信托引入受益人大会制度的理由

我国《信托法》对受益人权益的保护针对的是单一受益人的信托，而对于受益人为多数时如何保护其权益，该法未作出特别规定。在一些国家和地区的信托法中，则专门设立了受益人大会制度或受益人会议制度，以加强受益人为多数时对其权益的保护。例如，《日本信托法》第105条至第122条为此类规定。不过，2007年原中国银行业监督管理委员会公布的《信托公司集合资金信托计划管理办法》中，专门对集合资金信托的受益人大会制度作了明文规定。①

在土地经营权信托中，引入受益人大会制度的理由如下。

（1）土地经营权信托受益人众多，需要受益人大会形成共同的意思表示。当信托受益人为多数时，其权利可分为两类：一类是各受益人可以单独行使的权利；另一类是需要多数受益人同意的权利。② 在土地经营权信托中，受益人人数众多，若就需要多数受益人同意的事项（例如，改变对农地的经营管理方式等），受益人之间的意见不一致，则容易造成妨碍信托事务处理的后果。因此，为形成农地信托受益人的共同意思表示，有必要引入受益人大会制度。

（2）为维护土地经营权信托受益人的整体利益，需要设立受益人大会制度。在土地经营权信托中，由于受益人人数众多，若单个受益人均可行

---

① 参见《信托公司集合资金信托计划管理办法》第41条至第46条。

② ［日］新井诚著，刘华译：《信托法》（第4版），中国政法大学出版社2017年版，第196页。

使变更信托管理方法、解任受托人等权利，势必会影响土地经营权信托的运作和其他受益人的利益，不利于土地经营权信托目的的实现。而设立受益人大会行使这些权利，则有利于保护土地经营权信托受益人的整体利益，进而实现土地经营权信托的目的。

二、土地经营权信托受益人大会制度的构成

土地经营权信托中受益人大会制度应主要由以下内容构成。

(一)土地经营权信托受益人大会的职权

土地经营权信托受益人大会是由全体受益人组成的议事机构。土地经营权信托受益人大会的职权可由信托合同规定，但以下事项应由受益人大会作出决议：提前终止信托合同或者延长信托期限；改变对农地的经营管理方式；变更受托人；提高受托人的报酬标准；减轻或免除受托人的责任。

(二)土地经营权信托受益人大会的召集

在土地经营权信托中，受托人、信托监察人均可以召集受益人大会；占受益权总数一定比例(例如 10%)以上的受益人认为有必要召开受益人大会的，[①] 可以向受托人或信托监察人提出召集会议的请求。若受托人或信托监察人不愿召集或不能召集时，提出请求的受益人可以自行召集受益人大会。

(三)土地经营权信托受益人大会的决议

为确保众多受益人能通过受益人大会形成共同的意思表示，实现信托事务的顺利处理，土地经营权信托受益人大会应采取表决权多数决的方式来作出决议。在受益人大会上，各受益人按照其受益权占受益权总数的比例确定表决权数。为保障受益人大会的顺利召开，受益人大会经出席大会

---

① 农户的受益权比例可按照其信托的农地面积占受托人受托的农地总面积的比例加以确定。

的受益人享有的表决权数超过全部表决权的半数即可举行。受益人因故不能出席受益人大会的，可委托他人行使表决权。受益人大会的决议一般应经出席大会的受益人所持表决权超过半数通过。但提前终止土地经营权信托合同或者延长信托期限、改变对农地的经营管理方式、变更受托人、提高受托人的报酬标准、减轻或免除受托人的责任等涉及农地信托的重大事项，应经出席大会的受益人所持表决权人数 2/3 以上通过。

第三节　土地经营权信托受益人的撤销权

依我国《信托法》第 49 条的规定，当土地经营权信托受托人不当处分信托财产时，受益人享有申请法院撤销该处分行为的权利。撤销权是大陆法系国家和地区信托法上特有的保护受益人的方式。然而，有疑问的是，撤销权是否可谓受托人不当处分信托财产时保护受益人的妥当方式？若是，其法理基础何在？其在实践中有无困惑？若不是，受托人不当处分信托财产的法律效果应如何处理，方可实现对受益人的保护？

一、信托财产不当处分撤销权的法理基础反思与实践困惑

（一）信托财产不当处分撤销权的法理基础反思

我国《信托法》之所以赋予委托人、受益人对信托财产不当处分行为的撤销权①，据认为其理由是：我国《民法通则》规定了民事主体对民事行为的内容有重大误解的，或民事行为显失公平的，当事人一方可以向人民法院申请撤销该行为，《信托法》是参照《民法通则》上的这种撤销之诉所作出的规定，并且《信托法》将委托人、受益人行使撤销权的时间限定为 1 年，也是为了与《民法通则》司法解释所规定的撤销权的行使期限保持一致。②

---

① 我国《信托法》第 22 条第 1 款赋予了委托人撤销权，第 49 条规定了受益人的撤销权。

② 全国人大《信托法》起草工作组：《〈中华人民共和国信托法〉释义》，中国金融出版社 2001 年版，第 72 页。

众所周知，原《民法通则》上民事主体因对民事行为的内容有重大误解，或民事行为显失公平而行使撤销权的，撤销的对象是民事主体与相对方之间的民事行为，而非相对方与第三人之间的民事行为。但是，《信托法》所赋予的委托人、受益人撤销权的行使对象，则为受托人与第三人之间不当处分信托财产的行为，并非委托人或受益人与受托人之间的行为。因此，将受托人不当处分信托财产的行为定性为类似于重大误解或者显示公平的可撤销民事行为，从而使委托人、受益人享有撤销权的法理解释显然不妥当。

目前，我国法学界大多数学者均对委托人、受益人享有信托财产不当处分的撤销权持肯定态度，仅有少数学者对委托人享有信托财产不当处分的撤销权提出了否定观点。对委托人、受益人享有信托财产不当处分的撤销权持肯定态度的学者们所持的理由主要如下：（1）信托成立后，受托人享有信托财产的管理运用与处分权，《信托法》赋予委托人对受托人不当处分信托财产行为的撤销权可以有效防止受托人故意或过失致使信托财产遭受损失，确保信托财产的安全，维护受益人的利益①；（2）为使委托人对信托运作的监控能够得以有效进行，并使委托人享有的在监控信托运作方面的系列权利显得完整，《信托法》应当授予委托人享有对受托人不当处分信托财产的撤销权②；（3）信托财产最终归属于受益人，当受托人不当处分信托财产时，受益人对受托人享有的信托利益给付请求权就会受到侵害。为排除这种侵害，《信托法》应当赋予受益人撤销权③。对委托人享有撤销信托财产不当处分的权利持否定态度的学者认为，《信托法》赋予委托人撤销权会导致以下三个方面的不利后果：（1）出现一物三权的现象。委托人享有撤销权，就意味着信托财产实质上的所有权归属于委托人。而受托人以自己名义处分信托财产并承担责任，也显示其对信托财产拥有所有

---

① 徐孟洲主编：《信托法》，法律出版社 2006 年版，第 83 页。

② 张淳：《中国信托法特色论》，法律出版社 2013 年版，第 221 页。

③ 张军建：《信托法基础理论研究》，中国财政经济出版社 2009 年版，第 163 页。

权。受益人的撤销权，则属物权性质的权利。这样，违背了一物一权的理念。(2)信托财产的独立性受到损害。当委托人享有撤销权时，表明其对信托财产拥有潜在的所有权。委托人一旦负债或破产，债权人便可将信托财产列入委托人的固有财产而加以受偿，从而损害信托财产的独立性。(3)造成司法上的尴尬。由于委托人享有了撤销权，其债权人便可对信托财产行使追及权。法院一方面要维护信托财产的独立性，另一方面要支持委托人的债权人对信托财产行使权利，从而陷入司法上的尴尬境地。① 因此，其主张删除我国《信托法》关于委托人享有信托财产不当处分撤销权的规定。由上述学者们的观点可见，对委托人、受益人享有信托财产不当处分的撤销权持肯定态度的学者是基于保护受益人的受益权而加以解释的，对委托人享有信托财产不当处分撤销权持否定态度的学者实际上是将委托人的撤销权定性为一种物权而展开阐述的。

如上所述，我国《信托法》第22条、第49条分别赋予了委托人、受益人撤销受托人与第三人之间不当处分信托财产行为的权利。在我国私法体系中，对他人之间的法律行为享有撤销权者，当属债权人。依据我国原《合同法》第74条的规定，债权人撤销权的成立要件，分为客观要件与主观要件。客观要件为债务人的行为有害债权；主观要件为债务人与第三人均有恶意，但该要件仅在债务人以明显不合理的低价将自己的财产转让给第三人的情形下适用。我国《民法典》第538条和第539条对债权人撤销权的规定有所不同。依该条款的规定，若债务人无偿处分财产，影响债权人利益的实现，则不管第三人主观状态如何，债权人均有权撤销债务人的行为。若债务人不当处分财产(包括以明显不合理的低价转让财产等)，影响债权人利益的实现，则仅在第三人主观上有恶意时，债权人方可撤销债务人的行为。可见，我国民法上债权人撤销权的规范，对债权人干涉他人之间的法律行为规定了严格的条件，以平衡债权人、债务人与第三人之间的

---

① 张军建：《论中国信托法中的委托人的撤销权》，载《法学家》2007年第3期，第92页。

利益。但依我国《信托法》第 22 条、第 49 条的规定，委托人、受益人撤销受托人与第三人之间的不当处分信托财产的行为，并不以民法上债权人撤销权的成立要件为前提。例如，信托文件约定受托人不得转让信托财产，而受托人以市场价格转让该信托财产给第三人，该第三人对信托文件所约定的受托人权限并不知情。此时，若按照民法上债权人撤销权的成立要件，由于受托人的处分行为没有对信托财产造成损失，并且第三人主观上也没有恶意，因此，委托人、受益人不得撤销受托人与第三人之间的处分行为。若依照我国《信托法》的上述规定①，则因受托人的转让行为导致了信托目的根本无法实现，故属于违反信托目的处分信托财产的行为，从而即使受托人与第三人之间的转让行为是基于市场公正价格为之，而且第三人主观上不存在恶意，委托人、受益人也享有撤销受托人与第三人之间处分行为的权利，只不过不知情的第三人不必返还财产而已。由此可知，我国《信托法》上委托人、受益人的撤销权规范破坏了民法上为平衡当事人之间的利益而设定的撤销权规范。我国《信托法》基于保护受益人的利益而牺牲私法体系内的规范统一，其合理性殊值怀疑。已有学者注意到此问题，并指出我国《信托法》要求委托人、受益人行使撤销权只能以自己的名义向法院申请为之，不能直接向受让人行使，这样规定主要可能是立法者意识到《信托法》上委托人、受益人的撤销权成立要件已经偏离了民法上关于撤销权的成立要件的规定，但在撤销权的行使方式上力求与民法上普通债权人的行使方式保持一致。②

那么，委托人、受益人的撤销权是否基于其对信托财产的权利属于物权呢？众所周知，在我国的物权体系中，尚未有哪一种物权，其行使或效

---

①　按照文义解释，我国《信托法》第 22 条第 1 款中的"致使"一词表示结果，应当与该条文中"因"一字相搭配。所以，对该条文应当理解为委托人在以下两种情形下可以行使撤销权：（1）受托人违反信托目的处分信托财产；（2）受托人因违背管理职责、处理信托事务不当，致使信托财产受到损失。由全国人大常委会法制工作委员会原副主任卞耀武主编的《〈中华人民共和国信托法〉释义》一书（法律出版社 2002 年版，第 22 页）也认为委托人行使撤销权的条件为上述两种情形。

②　何宝玉：《信托法原理研究》，中国法制出版社 2015 年版，第 253 页。

力必须通过撤销权来实现。无论是所有权人，还是用益物权人、担保物权人，在作为物权客体的物非依法辗转至他人之手时，其直接行使追及权即可，并不需要通过行使撤销权来实现对物权的保护。因此，基于委托人、受益人对信托财产的物权而主张其对信托财产不当处分享有撤销权不妥当。此外，从我国物权法原理和《信托法》的有关内容来看，委托人对信托财产也并不享有物权。因为（1）由于我国《民法典》采取物权法定主义，物权的种类和内容由法律规定，① 无论是我国《信托法》还是其他法律，均未明确规定委托人对信托财产的权利为一种物权。② 若将委托人的权利定性为一种物权，将会产生创设新型物权的情形，与物权法定主义相违背。（2）虽然我国《信托法》第 2 条规定，委托人将信托财产"委托"给受托人，而不是"转移"给受托人，但不能因此认为委托人就享有了信托财产的所有权。由该法的相关规定来分析，信托财产不归属于委托人。例如，信托设立后，委托人的财产应当与信托财产相区别；当作为自然人的委托人死亡时，委托人不是唯一受益人的，信托继续存在，其遗产范围不包括信托财产。③ 如果《信托法》赋予委托人对信托财产享有所有权，信托财产与委托人的其他财产难道有必要相区别？当作为自然人的委托人死亡时，信托财产难道会不属于其遗产范围？另外，由于在信托存续期间，信托财产由受托人占有和管理，其所产生的收益归属于受益人，而委托人对信托财产不享有占有、使用、收益的权利，其不可能属于信托财产的用益物权人，当然更谈不上成为担保物权人。

基于目前在我国的信托行为多为商事信托的现实以及信托法的商事法属性，赋予委托人、受益人对信托财产不当处分的撤销权是否妥当呢？从表面上看，委托人、受益人可以自愿行使对信托财产不当处分的撤销权，似乎符合商法的自由精神与鼓励交易的基本原则。但实际上，商法所崇尚

---

① 参见我国《民法典》第 116 条。

② 正是由于我国现行法律未明文规定信托财产所有权的归属，因此法学界才对此存在争议。参见张淳：《信托法哲学初论》，法律出版社 2014 年版，第 148 页。

③ 参见我国《信托法》第 15 条。

的自由精神是在安全保障之中的自由，鼓励交易的基本原则也是建立在保障交易安全基础之上的。①　就受托人对信托财产的不当处分而言，若即使该行为给信托财产造成了损失，只要委托人、受益人未行使撤销权，其就始终有效，那么将会对信托财产的安全十分不利。这不符合设立信托尤其是商事信托的宗旨，也与商法的精神和基本原则的真义相悖。况且，因某些事由(例如，撤销权的存续期间较短等)，委托人、受益人可能无法通过行使撤销权来维护信托财产的安全。

综上所述，我国《信托法》中委托人、受益人对不当处分信托财产的行为享有撤销权的规范，已破坏了民法体系内债权人撤销权的规范，而又不能以委托人、受益人对信托财产享有物权作为该项撤销权合理存在的法理基础，还与商法的精神和基本原则的真义相悖。因此，我国《信托法》赋予委托人、受益人的此种撤销权，实有缺乏正当性的疑虑。

(二)信托财产不当处分撤销权的实践困惑

从实践来看，我国《信托法》对委托人、受益人享有信托财产不当处分的撤销权的规定带来了诸多困惑，不利于委托人、受益人利益的保护。具体而言：

(1)撤销权受除斥期间的限制。依我国《信托法》第 22 条第 2 款的规定，若委托人、受益人自知道或应当知道撤销事由之日起 1 年内不行使撤销权，该权利将消灭。在实践中，委托人、受益人因撤销权经过除斥期间而消灭，致使其利益得不到保护的案例时有发生。例如，在吉林省建苑设计集团有限公司诉四川信托有限公司信托纠纷一案中②，原告吉林省建苑设计集团有限公司诉称被告四川信托有限公司违背管理职责，出具的尽职调查报告与事实严重不符，致使向贷款方发放的信托资金无法收回，因此要求撤销被告四川信托有限公司的行为，并由其承担赔偿责任。而被告四

---

①　范健、王建文：《商法论》，高等教育出版社 2003 年版，第 149 页。
②　参见四川省成都市中级人民法院(2015)成民初字第 2449 号民事判决书。

川信托有限公司则辩称原告吉林省建苑设计集团有限公司起诉到法院时，其撤销权因经过了除斥期间而归于消灭，从而请求法院依法驳回其赔偿要求。最终法院驳回了原告吉林省建苑设计集团有限公司的诉讼请求。

（2）若委托人、受益人未行使撤销权，受托人对信托财产不当处分的行为便始终处于有效状态。此时，若受托人破产或偿付不能，而受让人又不必承担责任，则不利于保护委托人、受益人的利益。例如，在金新乳品信托计划案中①，金新信托公司与众多投资者签订合同，约定将募集的信托资金用于收购"北京三元种业""兵地天元"和"玛纳斯"三家公司的股权，但实际上受托人金新信托公司并没有以投资主体身份实施乳品信托计划，信托资金被挪作他用。在本案中，作为委托人兼受益人的投资者未行使撤销权，只是要求受托人金新信托公司承担违约责任。但金新信托公司因财产不足以承担责任而一度陷入破产境地，此时信托资金的受让人也不必承担责任，致使投资者遭受严重的损失。

（3）若委托人、受益人行使撤销权，根据我国《信托法》第 22 条第 1 款的规定，只有在信托财产的受让人明知受托人的处分行为不当而接受该财产时，才应予以返还或赔偿。这意味着若受让人应当知道受托人的处分行为不当而未知，或无偿取得信托财产的，仍不必承担返还或赔偿之责，如此显然对委托人、受益人保护不力。例如，在王某与李某、中国水利水电第七工程局有限公司信托纠纷案中②，原告王某将其享有的对某公司的股权信托给被告李某，李某在未经原告书面授权的情形下，将该股权转让给了中国水利水电第七工程局有限公司，而该公司受让股权时对此并未加以核实。法院仅认为被告李某处分信托财产不当，应承担赔偿责任。本案中，受让人非明知被告李某的处分行为不当而接受该股权，但其应当知道而未知，按照我国《信托法》的现有规定，其仍不必承担责任。此时，若受托人的财产不能够承担赔偿责任，则会对委托人、受益人不利。

---

①　关于本案的详细案情，参见翁海华：《金新信托事件聚焦：中国信托业呼唤制度建设》，载《上海证券报》2004 年 7 月 14 日。

②　参见四川省成都市温江区人民法院(2013)温江民初字第 801 号民事判决书。

二、信托财产不当处分法律效果的比较法考察

(一)英美法系信托财产不当处分的法律效果

在英国法上，将受托人不当处分信托财产的行为分为"处分本身违反信托"和"处分本身非违反信托"两种不同情形。① "处分本身违反信托"是指受托人违反信托条款而处分信托财产的行为。例如，信托条款禁止受托人转让信托财产或为特定投资，但受托人违反此限制而为转让或投资行为。"处分本身非违反信托"是指受托人处分信托财产的行为本身并未违反信托条款，或受托人并未为任何违反信托条款的处分行为，但是在管理上有过失导致信托财产受到损失。例如，受托人运用信托财产投资时，未充分发挥其技能对该投资项目加以尽职调查与分析，使得投资失败而造成信托财产的损失。可见，"处分本身违反信托"关注的焦点在于受托人的处分行为违反信托条款，而"处分本身非违反信托"则侧重于受托人管理上的过失。在上述两种情形下，若受托人将信托财产处分给第三人，只要受益人事后未追认，并且不存在其他免责事由，受托人即应承担损害赔偿责任。② 换言之，受益人可对受托人提出请求，使其赔偿信托财产的损失，将信托财产恢复到若受托人没有不当处分行为而本应达到的价值。③ 受益人除可请求受托人承担损害赔偿责任之外，还可选择追及信托财产。具体而言，受托人违反信托义务，将信托财产处分给第三人时，除非第三人为善意且有偿的受让人，则在受益人与第三人之间成立推定信托，推定第三人为受托人且须为既存信托的受益人保管其所受让的财产，并负返还责任。④ 换

---

① Peter Millett: Equity's Place in the Law of Commerce: Restitution and Constructive Trusts, 114 Law Quarterly Review 1998, 114(2): 214-227.

② Andrew Oakley: Parker and Mellows: The Modern Law of Trusts, 9ᵗʰ ed., Sweet & Maxwell Ltd., 2008: 867.

③ [英]D. J. 海顿著，周翼、王昊译:《信托法》，法律出版社 2004 年版，第182 页。

④ 何宝玉:《信托法原理与判例》，中国法制出版社 2013 年版，第 459 页。

言之，仅在第三人证明其善意并有偿取得信托财产的情况下，才能够阻止推定信托的成立，从而避免受益人的追及。

在美国法上，受托人一旦接受信托，即受到信托文件的条款的拘束，此种条款都规定了受托人的义务，违反受托人的义务，处分信托财产，不论是故意或过失所致，都构成信托财产的不当处分。① 例如，受托人违反信托条款的规定，出卖本应予以保留的信托财产，或以信托财产购买本不应购买的财产，或因过失而错误地转让了信托财产等，均属于受托人处分信托财产不当的行为。② 美国2010年《统一信托法典》第10章规定了受托人的责任及与受托人交易的相对人的权利。当受托人不当处分信托财产时，受托人应对受影响的受益人承担损害赔偿责任。另外，除非第三人为善意并支付了对价，受益人可以请求法院宣告受托人与第三人之间的处分行为无效，在信托财产上强制设立留置权，推定第三人与受益人之间成立信托关系，或者向第三人追及不当处分的信托财产。③

(二)大陆法系信托财产不当处分的法律效果

在大陆法系信托法上，韩国等将受托人对信托财产不当处分的行为分为"违反信托本旨"与"管理不当"两种情形。所谓"违反信托本旨"，是指违反信托契约之所定或委托人成立信托时的本来意图及目的。④ 例如，受托人将应存入银行的款项转为高风险投资而导致丧失本金。所谓"管理不当"，是指受托人违反管理信托财产应有的注意义务，不当处分信托财产

---

① George G. Bogert、George T. Bogert：The Law of Trusts and Trustee, West Publishing Co., 1993：551.

② See Restatement (Second) of Trusts § 202, § § 208-211 (1959).

③ See Uniform Trust Code(2010), Section 1001(b), "To remedy a breach of trust that has occurred or may occur, the court may：…(9) subject to Section 1012, void an act of the trustee, impose a lien or a constructive trust on trust property, or trace trust property wrong fully disposed of and recover the property or its proceeds."

④ 朱柏松：《论受托人违反信托本旨处分信托财产之效力：评"最高法院"八十九年度台抗字第五五五号裁判》，载《月旦法学杂志》2002年第82期，第44页。

的行为。例如，受托人以不当的廉价出售信托财产，造成信托财产的损失。①《韩国信托法》第 75 条第 1 款规定，对于受托人的处分行为违反信托本旨的，受益人享有撤销权。又鉴于撤销权的行使，固然在于维护信托财产，以保障受益人的利益，但也不应使不知有信托存在的第三人受不测的损害，以兼顾交易安全的保障。因此，《韩国信托法》第 52 条第 2 款又规定，第三人有故意或重大过失时，受益人才可撤销受托人的处分行为。但受托人因管理不当造成信托财产损失的，上述国家和地区的立法则另外作了规定。依《韩国信托法》第 43 条的规定，受托人因管理不当致信托财产发生损害时，委托人、受益人有权请求受托人以金钱赔偿信托财产所受损害或恢复原状，并可请求减免报酬。

然而，与韩国等对信托财产不当处分的立法态度不同，日本 2006 年修改后的《信托法》并没有严格区分受托人的处分行为是"违反信托本旨"，还是"管理不当"，而是统一规定了不当处分信托财产的法律效果。②《日本信托法》第 27 条以"撤销受托人违反权限的行为"为标题，规定了当受托人处分信托财产的行为属于权限外的行为时，受益人享有撤销权。但受益人行使撤销权受到两个条件的限制：一是第三人知道或因重大过失不知道受托人的处分行为不属于其权限范围；二是第三人知道受托人所处分的财产是信托财产。如果受托人处分的财产属于已经进行信托登记或登录的财产，则可以产生对抗第三人的效力，即视为第三人知道受托人处分的财产是信托财产。③

可见，日本、韩国等对信托财产不当处分撤销权都规定了严格的行使要件，且这种权利仅能由受益人行使。日本有学者指出，之所以行使撤销权的人只限于受益人，是因为受益人对信托财产具有最大利害关系，可以

---

① 王志诚：《信托法》，五南图书出版股份有限公司 2011 年版，第 193 页。

② 日本旧《信托法》第 31 条的规定，则与韩国等对信托财产不当处分的立法态度一致。

③ ［日］道垣内弘人著，姜雪莲译：《信托法入门》，中国法制出版社 2014 年版，第 68 页。

考虑一下这种情形：卖出信托财产虽然构成违反信托本旨，但是出卖的价格却比一般的市场价格要高，此时究竟是对受托人不当处分信托财产的行为表示同意，还是撤销处分行为，最好交由受益人自身来做出决定。[①] 不过，也有学者认为，大陆法系信托法上关于受益人行使撤销权的要件中虽然强调了第三人主观上应具有故意或重大过失，但没有区分有偿取得和无偿取得、以相当对价取得和未以相当对价取得，实为一处疏漏，在解释上无偿取得或无相当对价取得信托财产的人，对其保护不应优于受益人。[②]

比较两大法系国家和地区信托法上信托财产不当处分的法律效果可知，英美法系的信托法未赋予委托人、受益人对受托人不当处分信托财产行为的撤销权，大陆法系的日本、韩国信托法则授予受益人撤销受托人不当处分信托财产的权利，但并未授予委托人享有信托财产不当处分的撤销权。另外，英美信托法、日本信托法未根据受托人是否违反信托本旨处分信托财产而对受托人处分信托财产的法律效果作出不同的规定，韩国的信托相关规定则按照受托人的处分行为是否违反信托本旨而对其法律效果作出了不同的规定。相较而言，英美法系的信托法在维护第三人利益，保护交易安全的同时，更注重对受益人的保护，法律规则的设计更周密、全面，救济方式更多样，比大陆法系信托法更胜一筹。[③] 早在20世纪初日本制定信托法之际，就有学者检讨过受托人不当处分信托财产时，受益人对抗第三人的法律救济方法，但由于英美法系的推定信托(Constructive Trust)对大陆法系而言过于特殊和陌生，所以最终决定采纳撤销权。[④] 而日本在信托法制定过程中，将受益人的救济方式从推定信托转为撤销权，此举亦

---

① ［日］能见善久著，赵廉慧译：《现代信托法》，中国法制出版社2011年版，第158页。

② 谢哲胜：《信托法》，元照出版有限公司2009年版，第167页。

③ 何宝玉：《信托法原理研究》，中国法制出版社2015年版，第462页。

④ 参见［日］山田昭：《信托法立法过程之研究》，劲草书房1981年版，第153页，转引自吴英杰：《论受托人违反信托本旨而为信托财产之处分：救济方法及其法理基础》，载《台大法学论丛》2015年第2期，第448页。

被韩国制定信托法时仿效。①

三、我国对信托财产不当处分的应然态度

（一）我国对两大法系信托法关于信托财产不当处分的态度的参酌

信托在我国属舶来品，在我国《信托法》的制定过程中，立法者一方面借鉴了大陆法系的日本、韩国等信托立法关于信托财产不当处分的相关规定，赋予了受益人撤销权，另一方面又对此项权利的行使进行了改造。这表现为：（1）在撤销权的行使主体上，我国《信托法》规定不仅受益人可以行使该权利，而且委托人也可以行使此项权利。而日本、韩国的信托法只赋予受益人对信托财产不当处分行为享有撤销权，委托人则不享有此项权利。（2）在撤销权的行使条件上，我国《信托法》除了规定"受托人违反信托目的处分信托财产"之外，还规定了"受托人违反管理职责、处理信托事务不当"的情形。② 而《韩国信托法》仅将受托人违反信托本旨处分信托财产作为撤销权行使的条件，没有将委托人违反管理义务作为撤销权行使的条件，《日本信托法》则没有区分受托人的行为是违反信托本旨还是违反管理义务。另外，如前所述，依文义解释，我国《信托法》第 22 条要求受托人违反管理义务时，应给信托财产造成损失，委托人、受益人方可行使撤销权。而日本、韩国的信托法均未将信托财产受到损失作为受益人撤销权的行使条件。（3）在对第三人的效力上，我国《信托法》只规定第三人承担责任的主观要件为"明知"受托人处分信托财产的行为不当，没有规定第三人"因重大过失而未知"受托人不当处分信托财产的情形下也应承担责任。而日本、韩国信托法上均以第三人明知或因重大过失不知受托人的行为违反信托本旨，作为承担责任的主观要件。另外，《韩国信托法》还将信托财产

---

① 吴英杰：《论受托人违反信托本旨而为信托财产之处分：救济方法及其法理基础》，载《台大法学论丛》2015 年第 2 期，第 452 页。

② 参见我国《信托法》第 22 条第 1 款。

已经依法办理信托公示的，视为第三人明知受托人的处分行为违反信托本旨，《日本信托法》则强调即使信托财产已登记或登录，也要求第三人知道或因重大过失不知道受托人不当处分行为的性质。① 而我国《信托法》上的信托登记制度十分简单②，形同虚设，哪些信托财产应当登记、登记机构是何种机构等均不明确，因此也就不存在与上述情形类似的规定。值得一提的是，2016 年 12 月中国信托登记有限责任公司正式成立，但该公司的主要职能是登记信托公司发行的信托产品，至于我国《信托法》所规定的信托财产的登记不在该公司的业务范围之内。③

然而，如上所述，我国《信托法》赋予委托人、受益人对信托财产不当处分的撤销权，缺乏正当的法理基础，应当予以修正。通过比较法考察，我们发现，英美法系的信托法没有赋予受益人对信托财产不当处分的撤销权，而是规定受益人可以选择请求法院宣告受托人与第三人之间的行为无效，或在信托财产上强制设立留置权，或推定第三人与受益人之间成立信托关系，或向第三人追及不当处分的信托财产等。笔者认为，由于我国《民法典》对留置权的设立规定了严格的条件，须债务人没有履行到期债务；债权人已经占有属于债务人的动产；留置物与债权之间有牵连关系。④当受托人不当处分信托财产给第三人时，在信托财产上强制设立留置权，会与我国留置权的成立要件相去甚远，因此不宜盲目引入，恐破坏我国民法上既有的留置权规范。另外，推定信托是英美衡平法为纠正当事人的不法行为，根据公平正义原则而创立的信托。例如，甲以欺诈方式取得乙的财产权，法院为保护乙的利益，可成立推定信托，使甲成为乙的受托人，

---

① 日本旧《信托法》第 31 条的规定与韩国等的立法态度相同，日本学者批评意见认为，只要进行了信托登记或登录，不考虑第三人主观状态就承认撤销权，有害于交易安全。因此，日本 2006 年的《信托法》对此作了修改。参见［日］能见善久著，赵廉慧译：《日本新信托法的理论课题》，载《比较法研究》2008 年第 5 期，第 157 页。

② 参见我国《信托法》第 10 条。

③ 钟源：《信托非标头衔有望摘帽》，载《经济参考报》2016 年 12 月 27 日，第 1 版。

④ 参见我国《民法典》第 447、448 条。

具有为乙的利益而持有该财产的义务。① 可见，推定信托的设立与委托人的意思没有任何关系，不过是法院纠正不公正的财产关系的救济手段。尽管有学者建议，在信托财产的受让人为恶意或无偿受让等情形下，大陆法系信托法可引进英美法的推定信托制度②，但其必要性与可行性值得怀疑。因为：其一，大陆法系属于成文法系，法官没有造法的功能。我国在立法体例上属于大陆法系，《信托法》上的信托成立，均需要有委托人的意思，不承认不具有委托人意思而设立的推定信托，法官也没有创设推定信托这一信托类型的权力。其二，在运用推定信托法理的同时，尚应考量在既有的私法体系下，是否无法公平正义地解决争议或调和当事人间的利益。③如果依据已有的私法制度，对受益人利益、第三人利益能够取得相当程度的利益衡平，似无直接引进推定信托制度的必要。从后文的论述看，对信托财产不当处分行为的法律效果而言，我国并无必要引进推定信托制度。

（二）对我国立法关于信托财产不当处分的态度的建议

王泽鉴先生指出："财产可分为一般财产与特别财产，前者指属某人的财产；后者指由一般财产分离的一定财产。特别财产的形态有两种：(1)一定的财产属数人共同共有，合伙财产为其着例……(2)一人除主财产外，尚有一个或数个特别财产，如未成年人的特有财产、夫妻特有财产、限定继承财产，以及信托财产。""关于特别财产，适用类型强制原则，即须有法律规定，当事人不得创设；法律规定特别财产之目的，涉及一定财产的管理、处分、使用收益、代偿物的归属，及债务责任等，因各个特别财产而不同。"④由此可知，信托财产作为一项特别财产，关于其管理、处分、使用收益等事项，均应由信托法规定。而依据我国《信托法》的规定，

---

① 周小明：《信托制度：法理与实务》，中国法制出版社 2012 年版，第 59 页。

② 方嘉麟：《信托法之理论与实务》，中国政法大学出版社 2004 年版，第 345页。

③ 王志诚：《信托之基本法理》，元照出版有限公司 2005 年版，第 46 页。

④ 王泽鉴：《民法总则》，北京大学出版社 2009 年版，第 218 页。

信托财产虽然由受托人加以管理、处分，但其具有独立性效力①，受托人应按照法律的规定或信托文件约定的权限妥善处理信托事务。受托人不当处分信托财产的行为(无论是违反信托目的，还是违背管理义务)，在性质上属于一种特殊的无权处分行为，应比照民法关于无权处分行为的规定进行处理。这种特殊性在于：一般的无权处分行为中，无权处分人处分的对象是他人的动产或不动产，而受托人不当处分行为中，其处分的对象则为一项独立财产。我国原《合同法》第51条规定，对无权处分行为，若权利人予以追认，或无处分权的人事后取得处分权，则该行为有效。我国《民法典》删除了上述规则，依第311条的规定，无处分权人将不动产或者动产转让给受让人的，所有权人或其他权利人有权予以追回。据此，由于受益人对信托财产享有受益权，受托人不当处分信托财产无疑会对受益人的利益直接产生影响，因此，受益人应当享有追回受托人不当处分的财产的权利。此外，在英美法系的信托法上，信托一旦有效设立，委托人便退出了信托关系，对该项信托不再享有任何权利，除非在信托文件中明示保留有关权利。② 而大陆法系信托法虽然规定了委托人享有干预信托运作的某些权利③，但对受托人不当处分信托财产的情形，缺乏关于委托人介入权利的规定。尽管不少学者对大陆法系信托法上规定委托人干预信托运作的权利提出了否定性评价④，但笔者认为，委托人设立信托具有一定目的，此目的的实现需要通过受托人的行为来执行，可见，委托人与信托存在利害关系。因此，信托法确认委托人干预信托运作，享有对受托人行为(包括对受托人不当处分信托财产的行为)的监控权，具有合理性。由此可知，当受托人不当处分信托财产时，委托人也应当享有追回不当处分的财产的

---

① 参见我国《信托法》第15至18条。

② D. J. Hayton：The Law of Trusts, 4ᵗʰ ed., Sweet & Maxwell Ltd., 2003：78.

③ 参见张淳：《中国信托法特色论》，法律出版社2013年版，第191~194页。

④ 参见张天民：《失去衡平法的信托》，中信出版社2004年版，第366页；查志刚：《论信托法中信托利益冲突与平衡》，载《金融理论与实践》2007年第11期，第62页。

权利。由于土地经营权信托属于自益信托，委托人、受益人为同一主体，委托人兼受益人当然应享有追回受托人不当处分信托财产的权利。

在无权处分情形下，为保护善意第三人的利益，我国《民法典》确立了善意取得制度。该法第 311 条规定，只要受让人主观上为善意，交易的价格合理，并且依法办理了登记或交付手续，受让人便有权取得无权处分财产的所有权。应当说，这一规定包含的"在无权处分的情形下无偿取得财产的受让人，即使主观上具有善意，也不能取得该项财产的所有权，当所有权人表示追回时仍应向后者返还该项财产"这一内容无疑是合理的。据此，当受托人不当处分信托财产时，若该信托财产的受让人主观上为恶意（明知或应当知道受托人处分信托财产的行为不当），或者虽然主观上为善意，但是无偿取得信托财产的，便应承担返还财产或者赔偿损失的责任。另外，随着我国信托公示制度的完善，将来必然会出现进行了信托登记的财产。对于这类财产，虽然已对社会公示其属于信托财产的事实，但受托人是否违反信托义务处分信托财产不当，单靠登记这样的事实并不能为公众完全知晓，还必须仔细查阅信托文件的相关规定，才能作出判断。换言之，某项财产即使公示为信托财产，对其处分未必就超出了受托人的权限范围。因此，某项财产已登记为信托财产，不能成为第三人明知或应当知道受托人对该项财产处分行为不当的理由。就此而言，《日本信托法》上的规定比《韩国信托法》的相关规定显得合理，值得我国《信托法》借鉴。值得注意的是，我国《信托法》第 22 条虽然规定了在何种情形下受让人应返还信托财产，但并未明确受让人将信托财产返还给谁，这实为一处缺陷。由于信托存续期间信托财产必须由受托人占有、管理，因此，受让人应向受托人返还信托财产，并不能向委托人、受益人返还信托财产。

鉴于此，笔者认为，受托人对信托财产的不当处分，在性质上是一种特殊的无权处分行为，对这种行为的法律效力，应采取如下规定较为妥当：受托人违反信托义务，处分信托财产不当的，委托人或者受益人有权予以追回，或者要求受托人恢复原状或者赔偿损失。无论该信托财产是否已经依法进行了信托登记，只要受让人无偿接受，或者明知或者应当知道受托人违反信托义务而有偿接受，便应当向受托人返还或者赔偿信托财产的损失。至于如何认定受让人"应当知道受托人违反信托义务"，可根据受让人的知识背景、交易经验；交易价格是否明显低于市场价格等因素加以判断。若我国《信托法》采取如此规定，将具有以下两方面的意义：一方面，有利于消除我国《信托法》现行规定缺乏正当的法理基础的疑虑。按照上述观点处理受托人对信托财产不当处分的法律效果，与我国民法上既有的理论体系相契合，同时，也符合商法蕴含的保障交易安全的基本理念，因为委托人或受益人享有追回不当处分的信托财产的权利，受托人与受让人便应当返还财产或赔偿损失（受让人为善意第三人的除外），这对保障信托财产的安全十分有利。另一方面，有利于解决信托财产不当处分撤销权在实践中面临的困惑。对受托人不当处分信托财产的行为，委托人或受益人可追回，不受除斥期间限制；受让人不仅在明知受托人的处分行为不当时应承担责任，且在应知而未知，或无偿接受信托财产时也应承担责任。这样，无疑有利于更好地保护委托人、受益人的利益。

第六章 土地经营权信托的变更与终止

土地经营权信托的变更与终止是土地经营权信托法律制度构成中不可或缺的内容。在土地经营权信托期间，受各种不同因素的影响，土地经营权信托可能会发生变更甚至终止的情形。本章将对土地经营权信托变更、终止的事由以及法律后果进行探讨。

第一节 土地经营权信托的变更

一、土地经营权信托受托人的变更

（一）土地经营权信托受托人变更事由

土地经营权信托受托人变更的事由主要有如下几种。

1. 受托人辞任

土地经营权信托的设立基于委托人对受托人的信任。依我国《信托法》第38条的规定，受托人辞任需经委托人和受益人同意。在土地经营权信托中，委托人和受益人为同一人，即承包方或受让方。因此，不会产生委托人与受益人意见不一致的情形。然而，土地经营权信托的委托人（受益人）数量众多且较为分散，有的委托人（受益人）将土地经营权信托给受托人后，可能不愿积极主动地参与对受托人行为的监督，或存在"搭便车"心理，等待其他委托人（受益人）行使变更受托人的权利，甚至可能出现不同委托人（受益人）之间对是否变更受托人存在不同意见的现象。

在其他国家和地区，关于受托人辞任的规定有所不同。2010年《美国统一法典》第705条规定，受托人在下列情形之一时可以辞任：①提前30日通知受益人、委托人；②法院允许。依2006年《日本信托法》第57条的规定，受托人的辞任分为三种类型：①同意辞任，经委托人及受益人同意，受托人可以辞任；②特约辞任，信托行为对受托人辞任另有规定的，则按其规定；③许可辞任，受托人由不得已的事由，法院许可其辞任。

据我国《信托法》起草者解释，由于我国《民事诉讼法》中没有受托人辞任的程序，难以由法院批准受托人辞任，而受益人可能滥用信托财产，违背委托人设立信托的目的，因此，我国《信托法》未规定法院许可受托人辞任，仅要求受托人辞任需经委托人和受益人同意。[1] 该解释值得赞同，但我国《信托法》未允许信托文件对受托人辞任另行作出规定，则显得严苛。笔者认为，在土地经营权信托中，应允许土地经营权信托合同对受托人辞任进行约定。例如，受托人辞任需经出席受益人大会的受益人所持表决权人数2/3以上通过等。

2. 解任受托人

依我国《信托法》第23条和第49条的规定，在下列情形下，委托人、受益人有权解任受托人：其一，受托人的处分行为违反信托目的；其二，受托人管理、处分行为有重大过失。

《美国统一信托法典》第706条规定了解任受托人的情形，除了受托人严重违反信托义务的情形之外，还包括因受托人未有效管理，或全体受益人要求解任受托人，或发生情势变更等情形，解任受托人最符合受益人的权益。《日本信托法》第58条规定，委托人及受益人可以随时依合意解任受托人，只不过在不利于受托人时将其解任的，除非有不得已的事由，委托人及受益人应赔偿其损失。在我国台湾地区，"信托法"第36条第2项

---

① 全国人大《信托法》起草工作组：《〈中华人民共和国信托法〉释义》，中国金融出版社2001年版，第101~102页。

所规定的解任受托人的情形为受托人违背职务；其他重大事由。

与一般信托不同，在土地经营权信托中，受托人为经营管理农地需要投入大量人力和物力，例如，搭建耕种设施、播种施肥等。若允许承包方、受让方随时解任受托人，不利于对受托人利益的保护，也不利于农业生产。因此，对土地经营权信托受托人的解任事由宜加以限定，只有受托人严重违反职责或有不得已的事由，方可将其解任。

3. 受托人破产或主体资格消灭

受托人被宣告破产时，其行为能力受到限制，不宜再由其管理、处分信托财产。因此，若土地经营权信托的受托人被宣告破产，委托人(受益人)可变更受托人。

受托人从事土地经营权信托业务，通常需要一定的资质。如果受托人丧失特定资格的，其职责应终止。另外，若担任土地经营权信托受托人的主体解散、被撤销的，其主体资格被消灭，不可能承担经营管理农地的职责，委托人(受益人)理应可以变更受托人。

(二)土地经营权信托受托人变更的法律效果

土地经营权信托受托人的变更，将产生如下法律效果。

1. 土地经营权信托关系的承受

受托人发生变更，作为信托财产的土地经营权应转移给新受托人，而由新受托人承受土地经营权信托关系。具体而言：(1)原受托人对受益人所负债务，基于信托财产的同一性原理，应由新受托人承受；(2)原受托人经营管理农地产生的对第三人的债务(例如，修建农业设施而负担的债务等)，为保护债权人的利益，应由新受托人承受，债权人有权向新受托人请求履行债务；(3)土地经营权转移给新受托人。当然，为保护受托人的报酬请求权、损害赔偿请求权等权利的实现，应允许原受托人采取留置措施。

2. 土地经营权信托事务的移交

在新受托人处理土地经营权信托事务之前，原受托人应继续保管农地及其所生利益，以避免在此期间出现无人保管农地及其所生利益的情形。若原受托人被宣告破产或主体资格终止的，其清算人、继承人应保管农地及其所生利益，并向新受托人移交信托事务。

二、土地经营权信托管理方法的变更

土地经营权信托管理方法是由委托人与受托人在土地经营权信托合同中约定的，由受托人经营管理农地的方式。在土地经营权信托期间，难免发生当事人订立信托合同时无法预见的情事。若不允许对受托人经营管理农地的方法加以变更，一方面不利于信托目的的实现；另一方面不利于受托人实施耕作等农业活动。因此，在发生当事人订立土地经营权信托合同时不可预见的情事时，应允许对受托人经营管理农地方法进行变更。

然而，关于信托管理方法变更的决定，不同国家和地区立法态度不尽一致。一种立法例是由法院决定变更信托管理方法。例如，《美国统一信托法典》第412条规定，在发生不可预见的情事时，法院有权变更信托的事务管理性条款。《日本信托法》第150条第1项也规定了因情事变更，委托人、受托人或受益人可向法院请求变更信托财产的管理方法。另一种立法例是由委托人、受益人要求受托人变更信托管理方法。依我国《信托法》第21条、第49条的规定，发生信托设立时不可预见的事由，委托人、受益人可以要求受托人变更信托财产的管理方法。

笔者认为，在我国，由法院决定土地经营权信托管理方法的变更不妥当，因为农地经营管理具有较强的专业性，法院难以胜任农地经营管理方法的变更决定。农地经营管理与委托人（受益人）的利益息息相关，若发生信托合同订立时不能预见的事由，将使其利益无法得到有效保障，因此，理当允许其要求受托人变更农地经营管理方法。但对受托人而言，情事变更也可能对其产生不利影响，若只允许委托人、受益人要求变更农地经营管理方法，而不允许受托人要求对农地经营管理方法加以变更，则有失公允。

第二节 土地经营权信托的终止

一、土地经营权信托终止的事由

我国《信托法》第 53 条列举了信托终止的事由。这些事由是否均可适用于土地经营权信托呢？下文对此进行分析。

1. 信托文件规定的终止事由发生

土地经营权信托采取信托合同的方式设立。在土地经营权信托合同中，委托人与受托人可约定信托终止的事由。这是当事人意思自治的体现，应予以尊重。例如，在土地经营权信托中约定了信托的存续期限，则在该期限届满时，土地经营权信托终止。

2. 信托的存续违反信托目的

信托目的是委托人设立信托所欲达成的意愿。如果土地经营权信托的存续违反信托目的，信托应终止。例如，作为信托财产的农地被依法征收，土地经营权信托继续存在于被征收的农地上，将违反土地经营权信托旨在实现规模化、产业化经营的目的。

3. 信托目的已经实现或不能实现

既然信托是委托人为达成一定目的而设立的，那么，当信托目的已经实现或不能实现时，信托应终止。例如，土地经营权信托中，信托目的为利用新技术，使农作物产量达到一定数量，受益人的收益超过一定的金额。若该目的已经实现，土地经营权信托终止。又如，若受托农地被毁损灭失，信托目的无法实现，此时土地经营权信托也应终止。

4. 信托当事人协商同意

在土地经营权信托合同中，当事人一方为承包方、受让方，另一方为受托人。问题在于，经信托当事人协商同意，是要求全体委托人（受益人）与受托人之间协商一致，还是只要一定比例的委托人（受益人）与受托人协商一致？对此，我国《信托法》未作规定。有的学者认为，信托当事人协商同意应指委托人、受托人、受益人一致同意。① 然而，在土地经营权信托中，委托人(受益人)人数众多，要求全体委托人(受益人)与受托人一致同意方可终止信托并无必要。若所持表决权人数 2/3 以上的受益人与受托人同意，即可终止土地经营权信托。

5. 信托被撤销

依我国《信托法》第 12 条的规定，若委托人设立信托损害其债权人利益，债权人有权向法院申请撤销该信托。据此，若土地经营权信托的某一委托人设立信托损害其债权人利益的，债权人可向法院申请撤销该委托人与受托人之间的信托关系。但由于土地经营权信托为集合信托，某一个委托人退出信托关系并不意味着土地经营权信托终止。若全部委托人设立信托都损害了各自债权人的利益，则这些债权人向法院申请撤销该信托的，土地经营权信托方可终止。

有学者指出，根据我国《信托法》第 12 条的精神，信托被撤销产生信托无效的法律后果，而《信托法》第 53 条规定，信托被撤销又属于信托终止的事由之一，两者是相互矛盾的。② 诚然，信托无效意味着信托自始无效、当然无效，信托财产应返还给委托人，而信托终止意味着已设立的信托关系归于消灭，信托财产将归属于信托文件规定的人或受益人，二者之间具有本质的区别。信托被撤销旨在保护委托人的债权人的利益，若产生信托终止的法律后果，将使得信托财产归属于信托文件规定的人或受益人，这并不利于委托人的债权人利益的保护。不过，对土地经营权信托而言，由于其属于自益信托，信托被撤销后，信托财产仍然归于委托人(即受益人)，因此，不会出现对委托人的债权人不利的情形。

6. 信托被解除

信托被解除是指在信托存续期间，委托人依据法律或信托文件的规定行使解除权，使信托关系归于消灭的行为。信托一旦被解除，信托随之终

---

① 周小明：《信托制度：法理与实务》，中国法制出版社 2012 年版，第 333 页。

② 周小明：《信托制度：法理与实务》，中国法制出版社 2012 年版，第 333～334 页。

止。我国《信托法》区分自益信托与他益信托，对解除信托的情形分别作了规定。对自益信托而言，该法第50条规定，除非信托文件另有规定，委托人或其继承人可以解除信托。由于自益信托是委托人为自己利益而设立的信托，委托人即为唯一受益人，若其解除信托，通常不会对其他人的利益产生不利影响，因此，应允许委托人随时解除信托，当然信托文件另有规定的除外。

土地经营权信托虽然属于自益信托，但委托人的数量众多，若某一个委托人解除信托而导致土地经营权信托终止，不利于其他委托人利益的保护和信托目的的实现。因此，对土地经营权信托的解除应另行规定，在受益人（即委托人）所持表决权人数2/3以上同意的情形下，方可解除土地经营权信托，使土地经营权信托归于终止。

二、土地经营权信托的清算

（一）清算期间土地经营权信托的存续

土地经营权信托终止，受托人应对信托事务进行清算。问题在于，在清算期间，土地经营权信托是否继续存续？对此，依我国《信托法》第55条规定，信托终止后信托财产向权利归属人转移的过程中，信托视为存续。这与《日本信托法》第176条的态度相一致。

在学界，关于清算期间存续的信托究竟是成立一项法定信托还是原信托的继续，存在两种截然不同的观点。一种观点认为，信托终止至受托人完成清算前，成立一项法定信托。① 该观点认为，这种法定信托具有如下特点：其一，这种法定信托基于法律的直接规定而设立。而原信托是基于委托人与受托人的意思表示设立。其二，这种法定信托的目的在于完成清算事务，将剩余信托财产转移给权利归属人。而原信托的目的是由委托人

---

① 何宝玉：《信托法原理研究》，中国法制出版社2015年版，第548~549页；周小明：《信托制度：法理与实务》，中国法制出版社2012年版，第340~341页；王志诚：《信托法》，五南图书出版股份有限公司2011年版，第321页。

在信托文件中设定的。其三，这种法定信托存续的期限仅限于信托终止至受托人完成清算前。而原信托的存续期限由信托文件规定。① 另一种观点认为，清算期间存续的信托与原信托无异，为原信托的继续存在。②

笔者赞成后一种观点，主张清算期间存续的信托仍为原信托。因为：其一，信托当事人未发生变更。在清算期间存续的信托的委托人、受托人和受益人，仍分别为原信托的委托人、受托人和受益人。其二，土地经营权信托设立时信托财产为土地经营权，在该信托清算时，土地经营权未发生变化，只不过信托存续期间产生了信托利益而已。当然，在清算期间，受托人的权利和义务有所变化，应围绕信托的清算展开。鉴于此，我国《信托法》第 55 条所规定的"信托视为存续"，应表述为"信托存续"。

(二)清算期间土地经营权信托受托人的权限与义务

关于在信托清算期间受托人享有的权限，我国《信托法》未作明文规定。学界通说认为，在清算期间，受托人的权限主要包括以下两方面：其一，清理信托财产；其二，分配剩余信托财产。③ 然而，值得注意的问题是，在清算期间，受托人是否享有提起诉讼的权利？有学者认为，若允许受托人对债务人提起诉讼，则可能因该诉讼久而未决，影响将信托财产交付给权利归属人，因此，应对受托人的诉讼权利加以限制。④ 这种观点值得商榷。受托人清理信托财产应包括向信托债务人要求清偿债务。若信托清算时，信托债务的清偿期尚未届至，宜视为该债务已到期，以保护信托受益人的权益。既如此，若信托债务人不履行债务，受托人理当享有提起

---

① 周小明：《信托制度：法理与实务》，中国法制出版社 2012 年版，第 340～341 页。

② 徐孟洲：《信托法学》，中国金融出版社 2004 年版，第 204 页；[日]能见善久著，姜雪莲译：《信托的终止、清算问题研究》，《中国政法大学学报》2016 年第 4 期，第 101 页。

③ 赵廉慧：《信托法解释论》，中国法制出版社 2015 年版，第 521 页。

④ [日]能见善久著，姜雪莲译：《信托的终止、清算问题研究》，载《中国政法大学学报》2016 年第 4 期，第 103 页。

诉讼的权利。以诉讼期限较长为由否定或限制受托人的诉讼权利不具有合理性。

关于清算期间受托人的义务，我国《信托法》第58条规定了作成清算报告义务。据此，土地经营权信托受托人应制作处理信托事务的清算报告，并经受益人认可，受托人方可解除责任。问题在于，在土地经营权信托中，受益人人数众多，受托人的清算报告究竟只要取得部分受益人认可即可，还是需要征得全部受益人的承认？另外，如前所述，笔者主张土地经营权信托应设立信托监察人，以保护受益人的权益，那么，受托人的清算报告是否需要经信托监察人认可？由于土地经营权信托属于集合信托，要求全体受益人对受托人的清算报告予以承认恐难以实现，因此，可由受益人所持表决权人数2/3以上通过即可。而土地经营权信托监察人的职责在于保护信托受益人的权益，就其职责内容，信托监察人最为熟悉，因而由其认可受托人的清算报告方为妥当。总之，土地经营权信托受托人的清算报告应同时经受益人所持表决权人数2/3以上通过和信托监察人认可。若土地经营权信托受托人在作成清算报告中存在不当行为，则受托人的责任不能因受益人和信托监察人认可而予以解除，以示公平。

（三）信托清算结束后发现债务的处理

在土地经营权信托清算结束之后，受托人应将剩余财产转移给作为受益人的承包方或受让方。如果作为承包方或受让方的自然人死亡的，则应由其继承人获得剩余财产。然而，可能会出现信托清算结束后又发现尚存信托债务的情形。例如，信托农地上的工作物造成他人损害等。与公司清算应当依法通知和公告债权人不同，信托清算并无通知和公告债权人的程序。因此，信托清算结束后难免会出现尚存信托债务如何处理的问题。依《美国统一信托法典》第817条（b）款规定，受托人将信托财产分配给权利归属人时，有权保留合理的备用金以支付债务、费用和税收。可见，在美国法上，赋予了受托人预先保留部分财产用于清偿信托债务的权利。而依《日本信托法》第184条第2款的规定，若剩余信托财产转移至权利归属人后又发现信托债务的，应由受托人以固有财产承担清偿责任，即不能解除受托人的责任。

我国《信托法》对信托清算结束后又发现尚存信托债务时如何处理，未作规定。就美国、日本的信托立法例而言，《美国统一信托法典》规定由受托人预先保留部分财产用于清偿信托债务显然有利于受托人利益的保护，而可能出现不利于剩余信托财产权利归属人的情形。依《日本信托法》的规定，由受托人以固有财产清偿尚存信托债务，有利于保护债权人的利益。如前所述，由于信托清算没有公告债权人的程序，且即使信托清算结束，受托人也仍然存续，并不终止，因此，为保护债权人利益，由受托人予以清偿具有合理性。但问题是，受托人以固有财产清偿尚存信托债务之后，是否享有向剩余信托财产归属人追偿的权利？对此，《日本信托法》没有明确规定。有学者认为，尽管信托法未对受托人清偿尚存信托债务后的追偿权加以规定，但可以通过不当得利的规定处理，即剩余信托财产的权利归属人具有向受托人返还不当得利的义务。[①] 笔者认为，我国《信托法》可借鉴《日本信托法》的上述规定，明确受托人将剩余信托财产转移给受益人或权利归属人后，发现尚存信托债务的，由受托人先以固有财产清偿债务，以保护债权人利益，再由受托人向受益人或权利归属人追偿，以实现利益平衡。若土地经营权信托清算结束后尚存信托债务的，则按照上述规则处理为宜。

---

① ［日］能见善久著，姜雪莲译：《信托的终止、清算问题研究》，载《中国政法大学学报》2016年第4期，第104页。

结　论

一、总结

信托是土地经营权流转方式的创新。然而，无论是理论上还是实践中，土地经营权信托尚存在诸多分歧与困惑。因此，需要自法律定位、理论基础、设立要件、受托人权利义务与民事责任、受益人权益的特别保护、变更与终止等方面，就土地经营权信托中的争论议题与困惑问题阐述立论。

（1）关于土地经营权信托的法律定位。土地经营权是承包方、受让方依法享有的占有、使用农村土地，取得收益并为一定处分的权利，其法律性质为一种新型的用益物权。在我国《民法典》中，信托既非一种民事主体也非合同，应归入土地经营权流转的"其他方式"。土地经营权信托为私益信托、意定信托、自益信托、集合信托。

（2）关于土地经营权信托的理论基础。交易成本理论为土地经营权信托提供了经济学理论基础。土地经营权信托的法理基础在于法的自由价值、效率价值。诚信原则、现代物权理论为其私法理论依据。

（3）在土地经营权信托的设立上，涉及土地经营权信托主体、客体、公示等有关议题。

①关于土地经营权信托的主体。采取家庭承包方式的承包方（土地承包经营权人）设立土地经营权信托的，应先为自己设定土地经营权，然后以该土地经营权设立信托。土经营权信托受托人应具有农业经营或管理的能力或资质；非法人组织可成为土地经营权信托的受托人。土地经营权信

托的共同受托人因经营管理农地对第三人所负的债务，不宜一概承担连带责任。若信托合同对共同受托人经营管理农地的职责进行了划分，则某一受托人处理信托事务对第三人所负债务，应由其独立承担责任为宜，但第三人无过失不知道共同受托人之间进行了职责划分的，仍应由共同受托人对第三人所负债务承担连带责任。

②在"三权分置"视阈下，农地信托的信托财产应为土地经营权而非土地承包经营权。禁止有抵押负担的土地经营权设立集合信托不妥当，设定了抵押的土地经营权亦可成为信托财产。土地经营权信托客体除具有信托客体的一般属性之外，还具有其特殊性，即期限性、用途管制性、范围限定性。由土地经营权信托的客体反思信托财产主体性学说，认为不能一般性承认信托财产的主体性。

③在土地经营权的设立方式上，土地经营权信托合同为要式合同、诺成性合同。

④以土地经营权设立信托的，办理信托登记并非必要，由受托人将信托合同向当地县级自然资源管理部门备案即可。

(4)在土地经营权信托受托人的权利义务与民事责任方面，分别得出了以下结论。

①土地经营权信托的受托人不得以土地经营权再设定信托，也不应享有将土地经营权转让给他人或以土地经营权设立抵押的权利。

②关于土地经营权信托受托人的义务。其一，在土地经营权信托合同中，有必要明确受托人应履行忠实义务，同时，还应要求受托人为受益人的最大利益管理农地。土地经营权信托受托人忠实义务的类型包括受托人利益冲突行为的限制、竞业行为的限制、利用信托机会的限制。其二，集中管理是受托人分别管理义务的例外。土地经营权信托受托人对农地的集中管理义务意味着受托人应将不同委托人经营的农地集中起来，按照一定的管理方法进行经营和管理。其三，应允许受托人将部分信托事务交由他人代理完成。若土地经营权信托的受托人将部分信托事务交由他人代理完成，受托人应就选择代理人并监督代理人的行为尽到合理的注意义务。其

四，在土地经营权信托中，受托人谨慎管理义务的履行标准应以善良管理人的注意为准。即若受托人为自然人，则以具有农地经营能力的自然人一般或客观上所要求的注意能力为标准；若受托人为信托公司等法人，则应课以受托人较一般自然人为高的专业及高度的注意义务。土地经营权信托受托人的谨慎管理义务应定性为强行性规范为宜。其五，土地经营权信托属于集合信托，有必要对委托人（即受益人）的查阅请求权进行限制，以保护其他委托人（受益人）的隐私权，并降低受托人的管理成本。其六，土地经营权信托合同对信托收益的分配有明确规定的，按照其规定进行分配。若土地经营权信托合同未明确规定信托收益如何分配的，则按照不同委托人信托的农地面积与全部委托人信托农地的总面积之比例进行分配为宜。

③关于土地经营权信托受托人的民事赔偿责任。受托人违反信托的民事赔偿责任的性质应为侵权责任。对这种赔偿责任，应采取过错责任原则。有必要在土地经营权信托中确立惩罚性赔偿制度。

（5）有必要设立特别的法律规则，以强化对土地经营权信托受益人权益的保护。其一，设置土地经营权信托监察人制度。建议由村民委员会担任土地经营权信托的监察人较为妥当。土地经营权信托监察人违反义务给受益人的权益造成损害的，应当承担恢复原状、赔偿损失的责任。其二，土地经营权信托引入受益人大会制度。土地经营权信托受益人大会是由全体受益人组成的议事机构。受益人大会的决议一般应经出席大会的受益人所持表决权人数超过半数通过，但涉及农地信托的重大事项，应经出席大会的受益人所持表决权人数 2/3 以上通过。其三，撤销权是大陆法系国家和地区信托法上特有的保护受益人的方式，但其法理基础值得反思。受托人违反信托义务处分信托财产不当的，委托人或者受益人应有权予以追回，或者要求受托人恢复原状或者赔偿损失。无论该信托财产是否已经依法进行了信托登记，只要受让人无偿接受的，或者明知或者应当知道受托人违反信托义务而有偿接受的，便应当向受托人返还或者赔偿信托财产的损失。

（6）关于土地经营权信托的变更和终止。在发生当事人订立土地经营权信托合同时不可预见的情事时，不仅应允许委托人、受益人要求变更农地经营管理方法，而且应允许受托人要求对农地经营管理方法加以变更。清算期间存续的信托仍为原信托，并非成立一项法定信托。土地经营权信托受托人的清算报告应同时经受益人所持表决权人数 2/3 以上通过和信托监察人认可。受托人将剩余信托财产转移给受益人或权利归属人后，发现尚存信托债务的，由受托人先以固有财产清偿债务，以保护债权人利益，再由受托人向受益人或权利归属人追偿。

二、展望

关于土地经营权信托，无论在我国《民法典》《农村土地承包法》《信托法》等法律上，还是在《农村土地经营权流转管理办法》等规章上，均未加以明确规定。然而，农地流转实践中已涌现出了信托这一流转方式。因此，现行立法尚未完全满足农地流转实践的法律规范需求。

法学研究理应妥当回应立法需求与实践关切。本书对土地经营权信托法律制度略陈管见，以期对我国相关立法的完善和土地经营权流转实践有所裨益。

主要参考文献

一、中文文献

（一）著作

1. 张淳：《中国信托法特色论》，法律出版社 2013 年版。

2. 徐孟洲：《信托法》，法律出版社 2006 年版。

3. 张天民：《失去衡平法的信托》，中信出版社 2004 年版。

4. 张军建：《信托法基础理论研究》，中国财政经济出版社 2009 年版。

5. 蒲坚：《解放土地：新一轮土地信托化改革》，中信出版社 2014 年版。

6. 方嘉麟：《信托法之理论与实务》，中国政法大学出版社 2004 年版。

7. 日本三菱日联信托银行编著：《日本信托法制与实务》，台湾金融研训院 2009 年版。

8. 黄薇主编：《中华人民共和国民法典物权编释义》，法律出版社 2020 年版。

9. 谢在全：《民法物权论》（上册、下册），中国政法大学出版社 1999 年版。

10. 王利明：《物权法研究》（下卷），中国人民大学出版社 2018 年版。

11. 崔建远：《物权：规范与学说》（下册），清华大学出版社 2011 年版。

12. ［德］鲍尔·施蒂尔纳著，张双根译：《德国物权法》（上册），法律出版社 2004 年版。

13. 李清池:《商事组织的法律结构》,法律出版社 2008 年版。

14. 刘正峰:《美国商业信托法研究》,中国政法大学出版社 2009 年版。

15. 谢哲胜:《信托法》,元照出版有限公司 2009 年版。

16. [英]阿里斯泰尔·哈德逊著,沈朝晖译:《衡平法与信托的重大争论》,法律出版社 2020 年版。

17. [日]樋口范雄著,朱大明译:《信托与信托法》,法律出版社 2017 年版.

18. 王志诚:《信托之基本法理》,元照出版有限公司 2005 年版。

19. 张淳:《信托法哲学初论》,法律出版社 2014 年版。

20. 周小明:《信托制度:法理与实务》,中国法制出版社 2012 年版。

21. 赖源河、王志诚:《现代信托法论》,中国政法大学出版社 2002 年版。

22. 何宝玉:《信托法原理研究》(第二版),中国法制出版社 2015 年版。

23. 何锦璇、李颖芝主编,查松译:《亚洲大陆法系国家和地区中的信托法》,法律出版社 2020 年版。

24. [日]新井诚著,刘华译:《信托法》(第 4 版),中国政法大学出版社 2017 年版。

25. 杨崇森:《信托法原理与实务》,三民书局股份有限公司 2010 年版。

26. 高凌云:《被误读的信托——信托法原论》,复旦大学出版社 2010 年版。

27. 赵磊:《公益信托法律制度研究》,法律出版社 2008 年版。

28. 赵廉慧:《信托法解释论》,中国法制出版社 2015 年版。

29. 王志诚:《信托法》,五南图书出版股份有限公司 2011 年版。

30. 全国人大《信托法》起草工作组:《〈中华人民共和国信托法〉释

义》，中国金融出版社 2001 年版。

31. 徐卫：《土地承包经营权集合信托模式的构建逻辑与制度设计》，上海交通大学出版社 2016 年版。

32. 张军建：《农村土地承包经营权信托流转法律研究——信托流转与农地规模化、农业产业化和农村金融》，中国财政经济出版社 2017 年版。

33. 尹田：《物权法》，北京大学出版社 2013 年版。

34. ［英］D. J. 海顿著，周翼、王昊译：《信托法》，法律出版社 2004 年版。

35. 王文宇：《民商法理论与经济分析（二）》，中国政法大学出版社 2003 年版。

36. ［日］能见善久著，赵廉慧译：《现代信托法》，中国法制出版社 2011 年版。

37. ［美］R. 科斯、A. 阿尔钦、D. 诺斯等著，刘守英等译：《财产权利与制度变迁——产权学派与新制度经济学派译文集》，上海人民出版社 1994 年版。

38. 奥利弗·E. 威廉姆森著，陈耿宣编译：《契约、治理与交易成本经济学》，中国人民大学出版社 2020 年版。

39. 张文显主编：《法理学》（第五版），高等教育出版社、北京大学出版社 2018 年版。

40. 卓泽渊：《法的价值论》（第三版），法律出版社 2018 年版。

41. ［美］E. 博登海默著，邓正来译：《法理学：法哲学与法律方法》，中国政法大学出版社 2017 年版。

42. 徐国栋：《民法基本原则解释——以诚实信用原则的法理分析为中心》，中国政法大学出版社 2004 年版。

43. 梁慧星：《法律解释学》（第四版），法律出版社 2015 年版。

44. 孟勤国：《物权二元结构论——中国物权制度的理论重构》，人民法院出版社 2002 年版。

45. ［英］F. H. 劳森、B. 拉登著，施天涛等译：《财产法》，中国大百科全书出版社1998年版。

46. ［日］关谷俊作著，金洪玉译：《日本的农地制度》，生活·读书·新知三联书店2004年版。

47. ［英］理查德·爱德华兹、奈杰尔·斯托克威尔：《信托法与衡平法》，法律出版社2003年版。

48. 何宝玉：《英国信托法原理与判例》，法律出版社2001年版。

49. 王泽鉴：《侵权行为法》（第一册），中国政法大学出版社2001年版。

50. 霍玉芬：《信托法要论》，中国政法大学出版社2003年版。

51. 梁慧星：《民法总论》，法律出版社2004年版。

52. 曾世雄：《损害赔偿法原理》，中国政法大学出版社2001年版。

53. 马俊驹、余延满：《民法原论》，法律出版社1998年版。

54. ［日］道垣内弘人著，姜雪莲译：《信托法入门》，中国法制出版社2014年版。

55. 王泽鉴：《民法总则》，北京大学出版社2009年版。

56. 葛伟军：《历史的经典与现代的典范：英国信托成文法》，法律出版社2017年版。

57. 何宝玉：《信托法原理研究》，中国政法大学出版社2004年版。

58. 金锦萍：《公益信托与慈善信托专论》，社会科学文献出版社2020年版。

59. 赵廉慧：《中国慈善信托法基本原理》，中国社会科学出版社2020年版。

60. 卞耀武：《中华人民共和国信托法释义》，法律出版社2002年版。

（二）论文

1. 屈茂辉：《民法典视野下土地经营权全部债权说驳议》，载《当代法学》2020年第6期。

2. 温世扬、吴昊：《集体土地"三权分置"的法律意蕴与制度供给》，载《华东政法大学学报》2017 年第 3 期。

3. 高圣平：《承包地三权分置的法律表达》，载《中国法学》2018 年第 4 期。

4. 宋志红：《再论土地经营权的性质》，载《东方法学》2020 年第 2 期。

5. 王洪平：《民法视角下土地经营权再流转的规范分析》，载《吉林大学社会科学学报》2020 年第 1 期。

6. 孙宪忠：《推进农地三权分置经营模式的立法研究》，载《中国社会科学》2016 年第 7 期。

7. 蔡立东、姜楠：《农地三权分置的法实现》，载《中国社会科学》2017 年第 5 期。

8. 朱广新：《土地承包权与经营权分离的政策意蕴与法制完善》，载《法学》2015 年第 11 期。

9. 高圣平：《农村土地承包法修改后的承包地法权配置》，载《法学研究》2019 年第 5 期。

10. 高圣平：《〈民法典〉与农村土地权利体系：从归属到利用》，载《北京大学学报(哲学社会科学版)》2020 年第 6 期。

11. 陈小君、肖楚钢：《农村土地经营权的法律性质及其客体之辨——兼评〈民法典〉物权编的土地经营权规则》，载《中州学刊》2020 年第 12 期。

12. 谢鸿飞：《〈民法典〉中土地经营权的赋权逻辑与法律性质》，载《广东社会科学》2021 年第 1 期。

13. 于飞：《从农村土地承包法到民法典物权编："三权分置"法律表达的完善》，载《法学杂志》2020 年第 2 期。

14. 房绍坤、林广会：《解释论视角下的土地经营权融资担保》，载《吉林大学社会科学学报》2020 年第 1 期。

15. 高海：《"三权"分置的法构造——以 2019 年〈农村土地承包法〉为分析对象》，载《南京农业大学学报(社会科学版)》2019 年第 1 期。

16. 李国强：《〈民法典〉中两种"土地经营权"的体系构造》，载《浙江工商大学学报》2020 年第 5 期。

17. 谭启平：《"三权分置"的中国民法典确认与表达》，载《北方法学》2018 年第 5 期。

18. 李世刚：《论〈法国民法典〉对罗马法信托概念的引入》，载《中国社会科学》2009 年第 4 期。

19. 赵廉慧：《作为民法特别法的信托法》，载《环球法律评论》2021 年第 1 期。

20. 朱圆：《法律人格的制度价值——兼论信托的法律主体地位》，载《湖南师范大学社会科学学报》2018 年第 5 期。

21. 李宇：《论作为法人的商业信托》，载《法学》2016 年第 8 期。

22. 耿利航：《信托财产与中国信托法》，载《政法论坛》2004 年第 1 期。

23. 高圣平：《民法典视野下农地融资担保规则的解释论》，载《广东社会科学》2020 年第 4 期。

24. 张淳：《论由受托人享有的信托财产所有权》，载《江海学刊》2007 年第 5 期。

25. 于海涌：《论英美信托财产双重所有权在中国的本土化》，载《现代法学》2010 年第 3 期。

26. 温世扬、冯兴俊：《论信托财产所有权——见论我国相关立法的完善》，载《武汉大学学报（哲学社会科学版）》2005 年第 2 期。

27. 胡吕银：《信托制度在大陆法系的命运》，载《社会科学战线》2005 年第 6 期。

28. 刘迎霜：《我国公益信托法律移植及其本土化：一种正本清源与直面当下的思考》，载《中外法学》2015 年第 1 期。

29. ［日］神作裕之著，杨林凯译：《日本信托法及信托相关法律的最新发展与课题》，载《中国政法大学学报》2012 年第 5 期。

30. 房绍坤：《〈农村土地承包法修正案〉的缺陷及其改进》，载《法学论坛》2019 年第 5 期。

31. 徐海燕、冯建生：《农村土地经营权信托流转的法律构造》，载

《法学论坛》2016 年第 5 期。

32. 徐海燕、张占锋：《我国土地经营权信托模式的法律思考》，载《法学杂志》2016 年第 12 期。

33. 房绍坤、任怡多：《新承包法视阈下土地经营权信托的理论证成》，载《东北师大学报》（哲学社会科学版）2020 年第 2 期。

34. 高飞：《土地承包权与土地经营权分设的法律反思及立法回应——兼评〈农村土地承包法修正案草案〉》，载《法商研究》2018 年第 3 期。

35. 陈小君：《我国农村土地法律制度变革的思路与框架——十八届三中全会〈决定〉相关内容解读》，载《法学研究》2014 年第 4 期。

36. 张淳：《信托期间：信托法的态度》，载《社会科学》2015 年第 11 期。

37. 张军建：《信托连续受益人制度》，载《湖南大学学报》（社会科学版）2011 年第 4 期。

38. 陈一新：《论信托财产的主体性》，载《交大法学》2019 年第 2 期。

39. 马俊驹、梅夏英：《财产权制度的历史评析与现实思考》，载《中国社会科学》1999 年第 1 期。

40. 谢鸿飞：《〈民法典〉物权配置的三重视角：公地悲剧、反公地悲剧与法定义务》，载《比较法研究》2020 年第 4 期。

41. 姜雪莲：《日本农地流转信托研究》，载《世界农业》2014 年第 6 期。

42. 单平基：《土地经营权融资担保的法实现——以〈农村土地承包法〉为中心》，载《江西社会科学》2020 年 2 期。

43. 刘正峰：《信托制度基础之比较与受托人义务立法》，载《比较法研究》2004 年第 3 期。

44. 姜雪莲：《论信托受托人的忠实义务》，载《中外法学》2016 年第 1 期。

45. 王志诚：《论受托人的自己管理义务》，载《政大法学评论》2011 年总第 123 期。

46. 张淳：《我国信托法对英美信托法中特有规则的移植及其评析》，载《中外法学》2002 年第 6 期。

47. 余卫明：《论信托受托人的民事责任》，载《中南大学学报》（社会科学版）2007 年第 4 期。

48. 张淳：《试论受托人违反信托的赔偿责任——来自信托法适用角度的审视》，载《华东政法学院学报》2005 年第 5 期。

49. 刘勇：《农村土地承包经营权流转信托的政策建议》，载《中国法律评论》2015 年第 4 期。

50. 张新宝、李倩：《惩罚性赔偿的立法选择》，载《清华法学》2009 年第 4 期。

51. 张军建：《论中国信托法中的委托人的撤销权》，载《法学家》2007 年第 3 期。

52. 朱柏松：《论受托人违反信托本旨处分信托财产之效力：评"最高法院"八十九年度台抗字第五五五号裁判》，载《月旦法学杂志》2002 年第 82 期。

53. 吴英杰：《论受托人违反信托本旨而为信托财产之处分：救济方法及其法理基础》，载《台大法学论丛》2015 年第 2 期。

54. ［日］能见善久著，赵廉慧译：《日本新信托法的理论课题》，载《比较法研究》2008 年第 5 期。

55. ［日］能见善久著，姜雪莲译：《信托的终止、清算问题研究》，载《中国政法大学学报》2016 年第 4 期。

56. 楼建波、姜雪莲：《信义义务的法理研究——兼论大陆法系国家信托法与其他法律中信义义务规则的互动》，载《社会科学》2017 年第 1 期。

57. 楼建波：《信托财产分别管理与信托财产独立性的关系——兼论《信托法》第 29 条的理解和适用》，载《广东社会科学》2016 年第 4 期。

58. 姜雪莲：《农村土地承包经营权流转信托的法律问题——以中信安徽宿州农村土地承包经营权信托为中心》，载《北方法学》2014 年第 4 期。

59. 王涌：《论信托法与物权法的关系——信托法在民法法系中的问

题》，载《北京大学学报（哲学社会科学版）》2008 年第 6 期。

60. 徐卫：《土地承包经营权集合信托模式的构建逻辑与制度设计——契合土地流转目标的一种路径》，载《暨南学报（哲学社会科学版）》2015 年第 2 期。

61. 赵磊：《信托受托人的角色定位及其制度实现》，载《中国法学》2013 年第 4 期。

二、英文文献

（一）著作

1. Maurizio Lupoi：Trusts：A Comparative Study，Cambridge University Press，2000.

2. David Hayton、Charles Mitchell：Commentary and Cases on The Law of Trusts and Equitable Remedies，Sweet Maxwell，12th edition，2005.

3. A. J. Oakley：Parker and Mellows：The Modern Law of Trusts，Sweet Maxwell，9th edition，2008.

4. Robert L. Mennell：Wills and Trusts，West Pub. Co.，1979.

5. Amy Morris Hess、George Gleason Bogert、George Taylor Bogert：The Law of Trusts and Trustees，2014.

6. Richard Edwards、Nigel Stockwell：Trusts and Equity，5th Edition，Pearson Education Limited，2002.

7. Graham Moffat、Michel Chesterman：Trust Law Text and Material，George Weidenfeld and Nicolson Ltd.，1988.

8. J. E. Penner：The Law of Trusts，Oxford University Press，2012.

9. George Gleason Bogert：Handbook of the Law of Trusts，West Publish Co.，1973.

10. George T. Bogert：Trusts，West Publishing Co.，6th edition，1987.

11. David Hayton：The Law of Trusts，Sweet Maxwell，4th edition，

2003.

12. Gary Wat: Trusts and Equity, Oxford University Press, 2003.

(二)论文

1. John H. Langbein: The Contractarian Basis of the Law of Trusts, The Yale Law Journal, 1995: 105.

2. Henry Hansmann Ugo Mattei: The Functions of Trust Law: A Comparative Legal and Economic Analysis, N. Y. U. L. Rev. 1998: 73.

3. Melanie B. Leslie: Trusting Trustees: Fiduciary Duties and The Limits of Default Rules, Geo. L. J. 2005: 94.

4. Tamar Frankel: Fiduciary Duties as Default Rules, Or. L. Rev. 1995: 74.

5. Peter Millett: Equity's Place in the Law of Commerce: Restitution and Constructive Trusts, Law Quarterly Review. 1998: 114.

6. Edward C. Halbach, Jr: Trust Investment Law in the Third Restatement, Iowa Law Review, March, 1992.

7. Edward C. Halbach: Uniform Acts, Restatements, and Trends in American Trust Law at Century's End, California Law Review, 2000: 88(6).

8. Thomas P. Gallanis: The Trustee's Duty to Inform, North Carolina Law Review, 2007: 85.

9. Sheldon A. Jones: Laura M. Moret, and James M. Storey, The Massachusetts Business Trust and Registered Investment Companies, Delaware Journal of Corporate Law, 1988.

10. Robert J. Aatbers、Percy S. Roon: The New Prudent Investor Rule and The Mordern Portfolio Theory: A New Direction for Fiduciaries, American Business Law Journal, 1996: 34.

附录一 《农村土地经营权流转管理办法》

第一章 总则

第一条 为了规范农村土地经营权(以下简称"土地经营权")流转行为,保障流转当事人合法权益,加快农业农村现代化,维护农村社会和谐稳定,根据《中华人民共和国农村土地承包法》等法律及有关规定,制定本办法。

第二条 土地经营权流转应当坚持农村土地农民集体所有、农户家庭承包经营的基本制度,保持农村土地承包关系稳定并长久不变,遵循依法、自愿、有偿原则,任何组织和个人不得强迫或者阻碍承包方流转土地经营权。

第三条 土地经营权流转不得损害农村集体经济组织和利害关系人的合法权益,不得破坏农业综合生产能力和农业生态环境,不得改变承包土地的所有权性质及其农业用途,确保农地农用,优先用于粮食生产,制止耕地"非农化"、防止耕地"非粮化"。

第四条 土地经营权流转应当因地制宜、循序渐进,把握好流转、集中、规模经营的度,流转规模应当与城镇化进程和农村劳动力转移规模相适应,与农业科技进步和生产手段改进程度相适应,与农业社会化服务水平提高相适应,鼓励各地建立多种形式的土地经营权流转风险防范和保障机制。

第五条 农业农村部负责全国土地经营权流转及流转合同管理的

指导。

县级以上地方人民政府农业农村主管（农村经营管理）部门依照职责，负责本行政区域内土地经营权流转及流转合同管理。

乡（镇）人民政府负责本行政区域内土地经营权流转及流转合同管理。

第二章　流转当事人

第六条　承包方在承包期限内有权依法自主决定土地经营权是否流转，以及流转对象、方式、期限等。

第七条　土地经营权流转收益归承包方所有，任何组织和个人不得擅自截留、扣缴。

第八条　承包方自愿委托发包方、中介组织或者他人流转其土地经营权的，应当由承包方出具流转委托书。委托书应当载明委托的事项、权限和期限等，并由委托人和受托人签字或者盖章。

没有承包方的书面委托，任何组织和个人无权以任何方式决定流转承包方的土地经营权。

第九条　土地经营权流转的受让方应当为具有农业经营能力或者资质的组织和个人。在同等条件下，本集体经济组织成员享有优先权。

第十条　土地经营权流转的方式、期限、价款和具体条件，由流转双方平等协商确定。流转期限届满后，受让方享有以同等条件优先续约的权利。

第十一条　受让方应当依照有关法律法规保护土地，禁止改变土地的农业用途。禁止闲置、荒芜耕地，禁止占用耕地建窑、建坟或者擅自在耕地上建房、挖砂、采石、采矿、取土等。禁止占用永久基本农田发展林果业和挖塘养鱼。

第十二条　受让方将流转取得的土地经营权再流转以及向金融机构融资担保的，应当事先取得承包方书面同意，并向发包方备案。

第十三条　经承包方同意，受让方依法投资改良土壤，建设农业生产附属、配套设施，及农业生产中直接用于作物种植和畜禽水产养殖设施的，土地经营权流转合同到期或者未到期由承包方依法提前收回承包土地时，受让方有权获得合理补偿。具体补偿办法可在土地经营权流转合同中约定或者由双方协商确定。

第三章　流转方式

第十四条　承包方可以采取出租(转包)、入股或者其他符合有关法律和国家政策规定的方式流转土地经营权。

出租(转包)，是指承包方将部分或者全部土地经营权，租赁给他人从事农业生产经营。

入股，是指承包方将部分或者全部土地经营权作价出资，成为公司、合作经济组织等股东或者成员，并用于农业生产经营。

第十五条　承包方依法采取出租(转包)、入股或者其他方式将土地经营权部分或者全部流转的，承包方与发包方的承包关系不变，双方享有的权利和承担的义务不变。

第十六条　承包方自愿将土地经营权入股公司发展农业产业化经营的，可以采取优先股等方式降低承包方风险。公司解散时入股土地应当退回原承包方。

第四章　流转合同

第十七条　承包方流转土地经营权，应当与受让方在协商一致的基础上签订书面流转合同，并向发包方备案。

承包方将土地交由他人代耕不超过一年的，可以不签订书面合同。

第十八条　承包方委托发包方、中介组织或者他人流转土地经营权的，流转合同应当由承包方或者其书面委托的受托人签订。

第十九条　土地经营权流转合同一般包括以下内容：

（一）双方当事人的姓名或者名称、住所、联系方式等；

（二）流转土地的名称、四至、面积、质量等级、土地类型、地块代码等；

（三）流转的期限和起止日期；

（四）流转方式；

（五）流转土地的用途；

（六）双方当事人的权利和义务；

（七）流转价款或者股份分红，以及支付方式和支付时间；

（八）合同到期后地上附着物及相关设施的处理；

（九）土地被依法征收、征用、占用时有关补偿费的归属；

（十）违约责任。

土地经营权流转合同示范文本由农业农村部制定。

第二十条 承包方不得单方解除土地经营权流转合同，但受让方有下列情形之一的除外：

（一）擅自改变土地的农业用途；

（二）弃耕抛荒连续两年以上；

（三）给土地造成严重损害或者严重破坏土地生态环境；

（四）其他严重违约行为。

有以上情形，承包方在合理期限内不解除土地经营权流转合同的，发包方有权要求终止土地经营权流转合同。

受让方对土地和土地生态环境造成的损害应当依法予以赔偿。

第五章　流转管理

第二十一条 发包方对承包方流转土地经营权、受让方再流转土地经营权以及承包方、受让方利用土地经营权融资担保的，应当办理备案，并报告乡（镇）人民政府农村土地承包管理部门。

第二十二条 乡（镇）人民政府农村土地承包管理部门应当向达成流转

意向的双方提供统一文本格式的流转合同，并指导签订。流转合同中有违反法律法规的，应当及时予以纠正。

第二十三条 乡(镇)人民政府农村土地承包管理部门应当建立土地经营权流转台账，及时准确记载流转情况。

第二十四条 乡(镇)人民政府农村土地承包管理部门应当对土地经营权流转有关文件、资料及流转合同等进行归档并妥善保管。

第二十五条 鼓励各地建立土地经营权流转市场或者农村产权交易市场。县级以上地方人民政府农业农村主管(农村经营管理)部门应当加强业务指导，督促其建立健全运行规则，规范开展土地经营权流转政策咨询、信息发布、合同签订、交易鉴证、权益评估、融资担保、档案管理等服务。

第二十六条 县级以上地方人民政府农业农村主管(农村经营管理)部门应当按照统一标准和技术规范建立国家、省、市、县等互联互通的农村土地承包信息应用平台，健全土地经营权流转合同网签制度，提升土地经营权流转规范化、信息化管理水平。

第二十七条 县级以上地方人民政府农业农村主管(农村经营管理)部门应当加强对乡(镇)人民政府农村土地承包管理部门工作的指导。乡(镇)人民政府农村土地承包管理部门应当依法开展土地经营权流转的指导和管理工作。

第二十八条 县级以上地方人民政府农业农村主管(农村经营管理)部门应当加强服务，鼓励受让方发展粮食生产；鼓励和引导工商企业等社会资本(包括法人、非法人组织或者自然人等)发展适合企业化经营的现代种养业。

县级以上地方人民政府农业农村主管(农村经营管理)部门应当根据自然经济条件、农村劳动力转移情况、农业机械化水平等因素，引导受让方发展适度规模经营，防止垒大户。

第二十九条 县级以上地方人民政府对工商企业等社会资本流转土地经营权，依法建立分级资格审查和项目审核制度。审查审核的一般程序如下：

（一）受让主体与承包方就流转面积、期限、价款等进行协商并签订流转意向协议书。涉及未承包到户集体土地等集体资源的，应当按照法定程序经本集体经济组织成员的村民会议三分之二以上成员或者三分之二以上村民代表的同意，并与集体经济组织签订流转意向协议书。

（二）受让主体按照分级审查审核规定，分别向乡（镇）人民政府农村土地承包管理部门或者县级以上地方人民政府农业农村主管（农村经营管理）部门提出申请，并提交流转意向协议书、农业经营能力或者资质证明、流转项目规划等相关材料。

（三）县级以上地方人民政府或者乡（镇）人民政府应当依法组织相关职能部门、农村集体经济组织代表、农民代表、专家等就土地用途、受让主体农业经营能力，以及经营项目是否符合粮食生产等产业规划等进行审查审核，并于受理之日起 20 个工作日内作出审查审核意见。

（四）审查审核通过的，受让主体与承包方签订土地经营权流转合同。未按规定提交审查审核申请或者审查审核未通过的，不得开展土地经营权流转活动。

第三十条 县级以上地方人民政府依法建立工商企业等社会资本通过流转取得土地经营权的风险防范制度，加强事中事后监管，及时查处纠正违法违规行为。

鼓励承包方和受让方在土地经营权流转市场或者农村产权交易市场公开交易。

对整村（组）土地经营权流转面积较大、涉及农户较多、经营风险较高的项目，流转双方可以协商设立风险保障金。

鼓励保险机构为土地经营权流转提供流转履约保证保险等多种形式保险服务。

第三十一条 农村集体经济组织为工商企业等社会资本流转土地经营权提供服务的，可以收取适量管理费用。收取管理费用的金额和方式应当由农村集体经济组织、承包方和工商企业等社会资本三方协商确定。管理费用应当纳入农村集体经济组织会计核算和财务管理，主要用于农田基本建设或者其他公益性支出。

第三十二条 县级以上地方人民政府可以根据本办法，结合本行政区域实际，制定工商企业等社会资本通过流转取得土地经营权的资格审查、项目审核和风险防范实施细则。

第三十三条 土地经营权流转发生争议或者纠纷的，当事人可以协商解决，也可以请求村民委员会、乡(镇)人民政府等进行调解。

当事人不愿意协商、调解或者协商、调解不成的，可以向农村土地承包仲裁机构申请仲裁，也可以直接向人民法院提起诉讼。

第六章 附则

第三十四条 本办法所称农村土地，是指除林地、草地以外的，农民集体所有和国家所有依法由农民集体使用的耕地和其他用于农业的土地。

本办法所称农村土地经营权流转，是指在承包方与发包方承包关系保持不变的前提下，承包方依法在一定期限内将土地经营权部分或者全部交由他人自主开展农业生产经营的行为。

第三十五条 通过招标、拍卖和公开协商等方式承包荒山、荒沟、荒丘、荒滩等农村土地，经依法登记取得权属证书的，可以流转土地经营权，其流转管理参照本办法执行。

第三十六条 本办法自 2021 年 3 月 1 日起施行。农业部 2005 年 1 月 19 日发布的《农村土地承包经营权流转管理办法》(农业部令第 47 号)同时废止。

附录二 《农村土地承包经营权信托管理与服务规范》

（福建省地方标准 DB35/T 1785-2018）

1. 范围

本标准规定了农村土地承包经营权信托管理与服务的术语和定义、基本原则、运行管理与服务、档案利用与服务。

本标准适用于福建省农村土地承包经营权信托管理中县、乡两级机构的运行管理与服务，家庭承包经营的自留山林地、国有和集体耕地的经营权信托也可参照使用。

2. 术语和定义

下列术语和定义适用于本文件。

2.1

农村土地承包经营权 rural land contractual management right

农村土地承包人对其承包的土地享有依法占有、使用、收益和处分的权利。

2.2

农村土地承包经营权流转 transfer of rural land contractual management right

在不改变土地用途的基础上，土地承包经营权人将其承包土地经营权或其中部分权能转移给他人的行为。

2.3

农村土地承包经营权信托 rural land contractual management right trust

土地承包经营权人自愿将其承包土地经营权委托给由县国有资产经营有限公司出资控股并具有独立法人资格的县、乡(镇、街道)农村土地承包经营权受托机构，再由受托机构按照土地承包经营权人的意愿以自己的名义，为土地承包经营权人的利益进行管理或处分的行为。

3. 基本原则

3.1 依法自愿原则

农村土地承包经营权信托流转应按照《中华人民共和国农村土地承包法》《农村土地承包经营权流转管理办法》等相关法律法规和国家政策进行，不得改变土地所有权的性质，不得改变土地的农业用途，不得损害农民土地承包权益，不得超过《中华人民共和国农村土地承包法》和国家政策规定的农村土地承包期限，不得限制或强制农民进行土地承包经营权流转。

3.2 规范有序原则

农村土地承包经营权信托流转应按规定的程序办理，土地信托流转各方应签订书面协议，村民委员会、乡(镇、街道)和县农村土地承包管理机构应按档案管理层级、权限和程序，对所签订的正式合同(协议)文本进行备案归档。

3.3 公平公开原则

农村土地承包经营权信托流转各方当事人的法律地位平等，土地信托流转供求信息、流转程序和流转交易结果的公开及时、准确。信托机构不得截留、扣缴承包农户的土地流转收益，不得限制、干涉土地流转受让方依法依规生产经营的自主权。

4. 运行管理与服务

4.1 机构与职责

4.1.1 机构

县级应设立由县国有资产经营有限公司出资控股并具有独立法人资格

的县农村土地承包经营权信托机构，并在乡（镇、街道）设立土地信托分支机构。

4.1.2 职责

信托机构应履行以下职责：

a）按照《中华人民共和国农村土地承包法》《农村土地承包经营权流转管理办法》等法律法规和国家有关政策开展农村土地承包经营权信托流转交易活动；

b）接受土地流转交易主管部门的指导、监督；

c）协助土地受让方申报相关涉农项目；

d）协助监督管理信托土地的后续用途与管护；

e）探索、创新土地信托流转机制。

4.2 信息管理

4.2.1 平台建设

县、乡（镇、街道）土地信托机构可根据当地实际需要，建立土地流转信息网站或网站专栏、土地流转服务大厅固定电子信息显示屏等信息发布平台。

4.2.2 信息搜集

4.2.2.1 信息搜集内容

包括土地流转供求、政策法规和流转服务等方面的信息：

a）农村土地承包经营权流转信托的出让、租赁、交易等供求信息；

b）国家和各级政府及主管部门出台的农村土地承包经营权流转的相关政策、法规；

c）办理农村土地承包经营权流转信托的服务事项、办事流程和提交材料等服务信息。

4.2.2.2 搜集信息机构

信息搜集实行分级负责，包括县、乡（镇、街道）土地信托机构与村民委员会或村级集体经济组织（以下简称"村集体组织"）：

a）县、乡（镇、街道）土地信托机构负责搜集土地流转政策法规和供给、需求等方面的信息；

b) 村集体组织在搜集到连片土地的农户出让意愿信息后，应及时报送所在乡(镇、街道)土地信托机构。

4.2.3 信息发布

县、乡(镇、街道)土地信托机构应按照职责定期在相关信息发布平台上发布信息，发布的信息应合法、真实、准确、及时，并定期做好日常信息的更新维护。

4.3 信托服务

4.3.1 信托服务内容及程序

土地信托机构开展的农村土地承包经营权流转信托服务内容及程序包括受理出让申请、签订委托协议、发布出让公告、接收受让申请、确认受让意向、确定受让方、签订流转合同、登记与建档。

4.3.2 受理出让申请

4.3.2.1 调查摸底

根据连片土地农户(以下简称"出让方")的出让及市场主体或个人(以下简称"受让方")对土地的受让需求意愿，村集体组织应及时组织人员对涉及连片土地农户出让的意愿、租金、期限等方面进行调查摸底。

4.3.2.2 信托申请

通过调查摸底，对于出让方的所有农户均有出让土地意愿的，村集体组织应向乡(镇、街道)土地信托机构提出农村土地承包经营权流转出让信托申请，内容应包括申请出让的耕地面积与地力等级、交通状况、租金和租赁年限等内容。

4.3.2.3 调查核实

乡(镇、街道)土地信托机构应根据村集体组织的土地信托流转申请，及时组织调查工作小组与村集体组织负责人、村民小组组长等人员共同对各农户信托流转土地申请意愿的真实性逐一进行实地调查、核实和综合评价，并决定是否接受出让信托。

4.3.3 签订委托协议

4.3.3.1

根据受理的出让申请，各农户应对委托协议的流转(转出)耕地租金、信托年限等内容在协商一致基础上签字确认，并共同推荐一名农户代表负责签订委托协议。

4.3.3.2

由推荐的委托代表与村集体组织签订农村土地承包经营权流转(转出)委托协议，其格式内容参见附录 A。

4.3.4 发布出让公告

4.3.4.1

土地信托机构应根据出让方申请的流转意向内容，草拟"土地出让信托流转公告"，公告应包括但不限于以下内容：

a) 标的基本情况；

b) 流转条件；

c) 意向受让方资格条件；

d) 对土地流转有重大影响的交易信息；

e) 交易方式的选择；

f) 交易保证金的设置与处置；

g) 法律法规规定的其他内容。

4.3.4.2

公告经出让方确认后，土地信托机构应在特定的信息网络公开平台和办公场所固定公开栏上对外发布公告，广泛征集意向受让方；公告期原则上不少于 5 个工作日。

4.3.5 接收受让申请

4.3.5.1 提出申请

在公告规定期限内，有意受让方应向乡(镇、街道)土地信托机构提出农村土地承包经营权流转信托租赁申请，申请内容应包括申请租赁的耕地面积、耕地地力与交通的状况要求、租金和租赁年限等。

4.3.5.2 调查审核

乡（镇、街道）土地信托机构应对受让方的主体资格、经营能力、经营内容等方面情况进行初步调查与审核，并做出是否受理申请的决定；其中对受让方提交的营业执照或身份证件等主体资格材料的真实性、有效性应进行形式审查，提供的复印件应与原件一致。

4.3.6 确认受让意向

经调查审核后符合条件的受让方应与乡（镇、街道）土地信托机构签订拟租赁土地的农村土地承包经营权流转意向协议，协议内容应包括申请租赁的地名、耕地面积、用途、租金、租赁年限、保证金、违约责任等，其格式内容参见附录B。

4.3.7 确定受让方

4.3.7.1

确定方式主要有协议出让和竞价出让，其中竞价出让包括竞争性谈判、网上竞价、询价出让等方式。

4.3.7.2

公告期满后，根据公开征集到的意向受让方情况，按照"土地出让信托流转公告"中约定的交易方式进行：

a）当产生一个有效的意向受让方时，信托机构与该意向受让方直接签定流转合同；

b）当产生两个有效的意向受让方时，信托机构采取竞争性谈判出让方式确定受让方；

c）当产生三个以上（含三个）有效的意向受让方时，信托机构按网上竞价或询价出让方式确定受让方。

4.3.8 签订流转合同

4.3.8.1 在受让方确定后，乡（镇、街道）土地信托机构应在一定期限内，组织村集体组织和受让方的负责人、农户委托代表等相关人员对租赁租金、租赁期限、租赁付款方式等合同内容进行洽谈、协商一致后，应及时与村集体组织签订农村土地承包经营权信托合同，其格式内容参见附录 C。

4.3.8.2

在签订信托合同后,乡(镇、街道)土地信托机构应在一定期限内与确定的受让方签订农村土地承包经营权信托流转合同,其格式内容参见附录D。

4.3.9 登记与建档

4.3.9.1 登记

农村土地承包经营权信托流转合同签订后,土地信托机构应及时将《农村土地承包经营权信托(出让)合同》《农村土地承包经营权信托流转(租赁)合同》《农村土地承包经营权流转(出让)委托协议》等合同正本材料,分别报送乡(镇、街道)和县农村土地承包管理机构登记备案。

4.3.9.2 建档

乡(镇、街道)和县农村土地承包管理机构应建立健全农村土地承包经营权信托流转档案,档案管理宜采取纸质文档和电子扫描文档相结合的方式进行归档保存。

4.4 纠纷处理

4.4.1

对土地信托流转过程发生的纠纷投诉问题,信托机构应及时做好受理、协调、纠正工作。

4.4.2

对重大疑难及易激化矛盾的土地流转纠纷、重大突发事件的事项,应按规定及时上报,并做好安抚和调解工作。

4.4.3

对土地信托流转受让方违约产生的纠纷,信托机构应按农村土地承包经营权信托合同约定,履行职责,先行垫付土地租金等承包费,确保土地承包农户的权益。

4.4.4

信托机构应协助、配合相关部门做好土地承包经营权及流转纠纷的调解仲裁工作。

4.5 配套服务

4.5.1

可按照"受让方缴纳为主、政府适当补助"的原则，探索建立工商企业租赁农户承包地风险保障金制度，引入担保机构探索建立合同履约担保机制，降低农村土地承包经营权流转交易风险，维护农户和农村集体经济组织的合法权益。

4.5.2

引导金融机构对农村土地承包经营权流转项目在生产发展投入方面给予融资支持，创新土地经营权及农业设施抵押贷款等金融产品，鼓励各类涉农银行、融资担保、资产评估等机构参与农村土地承包经营权流转交易的相关配套服务工作。

5. 档案利用与服务

5.1

乡(镇、街道)和县农村土地承包管理机构应建立档案的交接、查阅、复制、保管等制度，为社会提供利用服务。

5.2

提供档案利用服务不得损害国家利益、社会公共利益以及其他组织和公民的合法权益。

5.3

有条件的档案保管单位应建立农村土地承包档案电子信息化管理平台，对档案信息实行电子化、动态化管理。

附录三 《农村土地经营权信托流转合同（参考文本）》

编号： 县(市、区) 镇(乡)信托合同第 号

甲方(委托方)： 联系电话：

甲方住所：

乙方(受托方)： 联系电话：

乙方住所：

为了保障双方当事人的合法权益，根据国家有关法律、法规和政策规定，经双方协商同意，订立本合同。

一、土地的地点、面积

1. 甲方信托给乙方的土地必须权属明确。

2. 土地地点：

3. 信托的具体土地四至范围及面积。

东至： ，南至 ，西至 ，北至 ；面积_____亩。

二、土地用途及信托期限

1. 在信托期内乙方有权在土地上从事_____等农业生产，但不得改变土地用途，不得从事掠夺性生产。

2. 信托期限_____年___月___日至_____年___月___日。

三、信托利益交付方式

1. 自本合同签订之日起 5 日内，乙方按_____斤干谷/亩为当年的信托利益支付给甲方。乙方付款后，甲方必须在 15 日内将土地交给乙方使用。

2. 以后每年度 12 月 25 日前，乙方将当年度土地信托利益汇入甲方指定账户。

四、甲乙双方的权利和义务

1. 甲方及土地所在村民委员会或集体经济组织有权对土地开发利用进行监督，确保土地按照合同的条款合理利用。

2. 乙方必须按照合同生产经营，一切收益归甲方所有，财政下拨的良种补贴、粮食综合直补等政策性补贴归土地承包方（信托土地的农户）所有。乙方的信托报酬为_____。

3. 信托期间，乙方如需用工，在同等条件下应优先雇佣土地所在村村民。

4. 在土地经营权信托期内，乙方不得将土地经营权转让或再信托给他人。

5. 乙方可在信托的土地上建设与农业生产直接相关的蓄水、排灌等设施。信托期满后，甲方需要使用，则保留设施。否则，由乙方负责拆除并恢复原状。

6. 信托期内，若遇重点工程建设需征收信托的土地，土地补偿费和安置补助费归土地所在村所有，地面设施补偿费归乙方所有。

7. _____

8. _____

9. _____

五、其他约定

1. 信托期满后，土地恢复原状的约定。_____

2. _____

3. _____

六、合同的变更和解除

1. 在合同履行期间，甲乙双方不得因法定代表人或人员的变更而变更或解除本合同。

2. 合同期满，如甲方继续信托土地，在同等条件下，乙方享有优先权。

七、违约责任

合同期内，如一方违约，违约方应向对方支付违约金____元，造成损失的，依法予以赔偿。违约包含但不限于以下几种情形：

1. 甲方在合同期内收回耕地；

2. 乙方在合同期内因不可抗力之外的原因不再受托经营土地；

3. 乙方不按合同规定进行农业生产；

4. 乙方不按合同约定交纳土地信托利益；

5. 其他违约情形。

乙方不按合同约定进行农业生产和不按合同约定交付土地信托利益的，甲方有权单方面解除本土地信托合同，收回土地经营权，并对外重新流转。

八、合同事宜与纠纷

1. 本合同未尽事宜，可由双方另签订补充协议。补充协议与本合同具有同等效力。

2. 本合同履行期间，如发生纠纷，应由当地乡(镇、街道)人民政府和县农村土地流转主管部门召集协商解决。协商不成，可向当地人民法院提起民事诉讼。

九、本合同一式四份，甲乙双方各执一份，村民委员会、县农村土地流转管理部门各备案一份。

甲方(盖章)：   乙方(盖章)：

代表(签字)：   代表(签字)：

签订日期：   签订地点：